天然气科技创新管理会计体系研究与实践

王富平　任丽梅　辜　穗　王智雄　彭子成　等著

石油工业出版社

内 容 提 要

本书以构建天然气科技创新管理会计体系和配套措施为总体目标，在充分借鉴国内外研究经验基础上，深入剖析天然气科技创新规律，设计天然气业财融合机制，着重优化了天然气科技投入预算与核算体系、研发投入预算与核算体系、天然气研发投入加计扣除，提出了推进天然气科技创新管理会计建设措施。

本书适合油气田企业、大型国有企业乃至能源行业科技创新管理与财务管理人员、油气科技创新研究人员阅读。

图书在版编目（CIP）数据

天然气科技创新管理会计体系研究与实践/王富平等著.—北京：石油工业出版社，2021.12
ISBN 978-7-5183-5032-2

Ⅰ.①天… Ⅱ.①王… Ⅲ.①石油企业—企业会计—研究—中国 Ⅳ.①F426.22

中国版本图书馆CIP数据核字（2021）第249017号

天然气科技创新管理会计体系研究与实践

王富平 任丽梅 辜 穗 王智雄 彭子成 等著

出版发行：石油工业出版社
　　　　　（北京市朝阳区安华里二区1号楼 100011）
网　　址：www.petropub.com
编 辑 部：（010）64523570　图书营销中心：（010）64523633
经　　销：全国新华书店
印　　刷：北京中石油彩色印刷有限责任公司

2021年12月第1版　2021年12月第1次印刷
740毫米×1060毫米　开本：1/16　印张：10
字数：120千字

定　价：118.00元
（如发现印装质量问题，我社图书营销中心负责调换）
版权所有，翻印必究

编　委　会

王富平	任丽梅	辛　穗	王智雄	彭子成
李　仲	党录瑞	鲍思峰	唐诗国	敬代骄
李　佳	李馥伶	沈　积	潘春峰	曾　镰
周　娟	杨　力	黎　雪	黄　放	何昊阳
张先洁	夏江华	高卓月	林　啸	马英恺
章成东	何晋越	邹　曦	陈灯松	任　楠
李　蒲	王秀英	李映霏	高　芸	任雨涵
蒋　龙				

前　言

创新是引领发展的第一动力，企业是科技创新的主体，国家对研发投入非常重视，先后出台了一系列政策制度，国务院国有资产监督管理委员会（简称"国资委"）将研发经费投入强度作为指标纳入中央企业经营业绩考核，推动中央企业加强自主研发和原始创新。技术问题产生成本问题，天然气产业作为技术密集型与资金密集型产业，更加注重研发投入统计、预算与核算、加计扣除、创新绩效评价等，面临着传统财务会计管理方式下预算管理、核算管理、研发按投入统计跟不上等问题。为进一步满足科技创新的需要，迫切需要开展业财融合理念指导的体系性建设。然而，现有文献研究表明，科技创新管理会计本身属于管理、统计、财务会计、税务等多学科融合的跨学科方向，业财融合主要体现在产品等方面，对以科研项目为对象的科技创新活动涉及的业财融合研究较少，在科技创新投入管理、科技创新研发投入管理、研发费用加计扣除等方面还处于发展阶段，存在诸多问题。这些问题直接影响科技成果转化应用效益的核算，制约了落实人员激励和促进科技成果转化应用。因此，结合石油行业低碳转型、大力发展天然气等清洁高效能源的宏观环境，构建适应天然气科技创新活动需求的天然气科技创新管理会计体系，推进天然气产业财务会计向管理会计转变，强化研发投入管理，对于促进和保障天然气科技创新高水平自立自强具有积极的现实意义。

天然气科技创新管理会计是针对现在或未来的天然气企业科研与天然气生产经营活动，通过特定的方法收集、分析数据，为天然气企业管理者的预测、规划、控制、考核等提供有用的创新驱动发展决策信息支持，以促进天然气企业科技创新预测、决策、规划、控制和考核等职能发挥。本书主要研究内容包括4个部分。

（1）国内外科技创新管理会计现状研究。通过对相关概念界定与理论基础、国内外管理会计研究进展与挑战、科技创新管理会计研究进展等进行分析，总结了油气田企业科技创新管理会计建设中存在的问题。研究提出，天然气科技创新管理会计是为企业创新发展提供决策信息的重要途径，当前建设还处于发展阶段，其发展面临着4方面主要问题：①天然气科技创新投入管理问题，包括科技投入管理职责较弱、流程不够完善，科技投入预算不健全不规范，科技投入核算不统一不全面。②天然气科技创新研发投入管理问题，包括传统科技成本核算导致研发成本不全面，不同口径产生研发投入计量的差异，现行科研机构费用并未统一归集，研发投入与销售收入相关性不够。③天然气研发费用加计扣除问题，包括研发费用加计扣除比例偏低，研发费用加计扣除制度不健全，加计政策执行情况不佳等。④天然气科技创新成果经济效益评价问题，包括科技创新成果经济价值评估缺乏管理会计体系支持，科技成果经济效益缺乏统一编制标准、数据可靠性有待提升，科技成果及财务信息未实现共享、数据采集分析难度较大，科研人员线下报表编制耗时费力等。

（2）天然气科技创新管理会计体系构建。通过分析天然气科技创新活动与财务融合、天然气科技创新管理会计体系构建的依据与原则,设计了天然气科技创新管理会计体系结构并进行了内容描述。①天然气科技创新活动与财务成本关系梳理,为天然气科技创新管理会计体系构建提供了重要依据,包括:第一,天然气科技投入对象主要是围绕天然气业务全链条的科技活动,研发投入围绕天然气勘探开发生产建设关键业务流程展开,投入产出具有明确有效的因果关系;第二,围绕天然气科技活动进行的全部投入构成天然气科技活动全要素成本,围绕天然气研发活动进行的全部投入构成天然气研发活动全要素成本,围绕天然气研发加计扣除活动进行的全部投入构成天然气研发"三新"活动成本;第三,依据不同的成本构成可以进行科技投入强度、研发投入强度、油气田企业研发税收减免额度等计算;第四,在投入数量上,科技投入＞研发投入＞加计扣除。②天然气科技创新管理会计体系由科技创新发展预测系统、科技创新投资决策系统、科技创新完全成本控制系统、科技创新全面绩效评价系统、科技创新管理会计报告系统等5个系统构成。其中,科技创新发展预测系统包含科技创新业财融合发展系统和企业科技创新预测与控制系统,科技创新投资决策系统包含管理会计人才队伍体系和管理会计理论方法与工具体系,科技创新完全成本控制系统包含科技创新完全成本管理体系和科技创新成本责任会计体系,科技创新全面绩效评价系统包含科技创新全面绩效评价体系和科技创新绩效考核管理体系,科技创新管理会计报告系统包含科技创新管理会计报告5维度和科技创新管理会计报告4层次。

(3)天然气科技投入与研发投入预算与核算体系优化。开展了科技投入预算体系优化、科技投入核算体系优化、科技投入强度计算模型优化与应用。①针对科技投入，综合构建了天然气科技投入预算与核算体系优化结构，优化科研项目投入费用为费用类科研项目和投资类科研项目，优化科研机构投入费用包括基本运行费、折旧、人员费用、重大创新性成果奖金等。以某油气田企业为例，采用项目法对科技投入进行分类归集与核算实证。②构建了天然气科技创新研发成本预算与核算科目设置建议表，优化了各级研发项目直接经费核算以及各级研发项目的配套费用核算和机构分摊费用核算，优化了研发投入强度计算模型并进行了实证分析。

（4）提出了推进天然气科技创新管理会计建设的措施，包括提高管理会计认识、促进科技财务会计向管理会计转变，强化业财融合、提高科技投入预算和核算水平，天然气科技研发成本预算管理体系优化，加强信息统计、促进研发费加计扣除，搭建科技成果经济效益评价管理会计模型等。此外，按照国资委、油气行业相关要求，研发强度考核和研发费用加计扣除是国有企业必须开展的企业管理活动，这是一项制度问题，是一项改革问题，也是提质增效专项活动中应该要布局的重大事项，建议油气田企业结合自身实际，以科技创新管理会计视角为基础，编制出台油气田企业科技投入管理办法，促进科技投入管理规范化、制度化。

本书得以成稿，特别感谢中国石油西南油气田公司天然气经济研究所原所长姜子昂教授，对于全书的总体思路和体系架构设计，提供了关键指导和宝贵意见；非常感谢长江大学经济管理学院吴杰教授，在预算与核算体系优化方面给予了诸多中肯且有益的建议；衷心感谢中国石油西南油气田公司天然气经济研究所技术经济评室原主任王径,在本书撰写过程中提供了技术经济评价相关专业支持与大力帮助。

本书适用于油气田企业科技创新管理与财务管理部门、油气科技创新研究人员阅读,适用于大型国有企业乃至能源行业推进科技创新管理会计建设的相关部门与人员阅读参考。

目 录

第一章 国内外科技创新管理会计研究现状 ……………………… 1
- 第一节 相关概念界定与理论基础 …………………………………… 1
- 第二节 国内外管理会计研究进展与挑战 …………………………… 16
- 第三节 科技创新管理会计研究进展 ………………………………… 25

第二章 天然气科技创新管理会计建设中存在的问题 ………… 31
- 第一节 体系构建的主要依据 ………………………………………… 31
- 第二节 天然气科技创新活动与财务融合 …………………………… 35
- 第三节 天然气科技创新投入管理问题 ……………………………… 44
- 第四节 油气科技创新研发投入管理问题 …………………………… 47
- 第五节 油气研发费用加计扣除问题 ………………………………… 51
- 第六节 天然气科技创新成果经济效益评价问题 …………………… 53

第三章 天然气科技创新管理会计体系构建 ……………………… 55
- 第一节 体系结构设计 ………………………………………………… 55
- 第二节 体系结构内容描述 …………………………………………… 62

第四章　天然气科技投入预算与核算体系优化 …… 69
第一节　科技投入预算体系优化 …… 70
第二节　科技投入核算体系优化 …… 73
第三节　科技投入强度计算模型优化与应用 …… 74

第五章　天然气研发投入预算与核算体系优化 …… 81
第一节　研发投入预算与核算科目优化 …… 81
第二节　研发成本核算体系优化 …… 90
第三节　研发成本核算的会计处理 …… 93
第四节　研发投入强度计算模型优化与应用 …… 105

第六章　推进天然气科技创新管理会计体系建设措施 …… 112
第一节　提高管理会计认识，促进科技财务会计向管理会计转变 …… 112
第二节　强化业财融合，提高科技投入预算和核算水平 …… 114
第三节　天然气科技研发成本预算管理体系优化 …… 118
第四节　加强信息统计，促进研发费加计扣除 …… 123
第五节　搭建科技成果经济效益评价管理会计模型 …… 127

主要参考文献 …… 131
附件　油气田公司科技投入管理办法（建议稿） …… 137

第一章

国内外科技创新管理会计研究现状

第一节 相关概念界定与理论基础

一、相关概念界定

（一）科技活动与科技投入

1. 科学技术活动

指在所有科学技术领域，即自然科学、工程与技术科学、人文科学与社会科学等领域，与科技知识的产生、发展、传播和应用密切相关的全部的、有组织的、系统的科技活动。根据《研究与试验发展（R&D）投入统计规范（试行）》（国统字〔2019〕47号）（简称《研发投入统计规范》），科学技术活动（简称科技活动）指所有与各科学技术领域（即自然科学、农业科学、医药科学、工程技术、人文与社会科学）中科技知识的产生、发展、传播和应用密切相关的系统活动，分为三大类：研究与试验发展（简称研发）、研究与试验发展成果应用和科技服务。科技活动统计分类见表1-1。

表 1-1 科技活动统计分类

联合国教科文组织	中　　国
科学技术活动（STS）	科学技术活动（STS）
1. 研究与试验发展（R&D）	1. 研究与试验发展（R&D）
2. 教育与培训（STET）	2. 研发成果应用
3. 科技服务（STS）	3. 科技服务（STS）
	4. 教育与培训（STET）

（1）研发活动

研发指在科学技术领域，为增加知识总量，以及运用这些知识去创造新的应用进行的系统的、创造性的活动。研发包括基础研究、应用研究和试验发展，基本要素包括具有创造性、具有新颖性、运用科学方法、产生新的知识或创造新的应用。

研发与技术创新的关系：区别——研发本质上是一个知识的创造过程，是为了创新知识、进而应用知识而进行的创造发明活动。而技术创新是企业以获取利润为目的，将有关新工艺、新产品的知识商业化的过程。联系——研发活动是技术创新起始的必要条件，也是保证创新成功的物质和技术基础。研发为新技术和新产品的商业化提供了可能性，而技术创新则把这种可能性变成现实。

科技活动与研发活动的主要异同点，见表 1-2。

表 1-2 科技活动与研发活动的主要异同点

科技活动	研发活动
科学技术知识的产生、发展、传播和应用	增加知识的总量，创造新的应用
系统性的活动	系统性的活动
	创造性的活动

研发活动是科技活动的核心组成部分。油气田企业研发经费使用范围主要是围绕勘探、开发生产建设进行的科学研究，包括新技术、新工艺、新产品开发，新技术推广，技术合作与交流和其他科技活动，以及建立科技进步成果奖奖励基金等。油气田企业科技经费筹集采取自筹、上级拨款、补助、贷款、融资相结合的方式。

（2）研发成果应用活动

指为使研发阶段产生的新产品、材料和装置建立的新工艺、系统和服务以及做实质性改进后的上述各项能够投入生产或实际应用，解决所存在的技术问题而进行的系统性的工作。这类活动的成果形式，大多是可供生产和实际操作的，带有技术和工艺参数的图纸、技术标准和操作规范。

（3）科技服务活动

是指与科学研发活动相关并有助于科学技术知识的产生、传播和应用的活动。包括：为扩大科技成果的适用范围而进行的示范推广工作；为用户提供信息和文献服务的系统性工作；为用户提供可行性报告、技术方案、建议及进行技术论证等技术咨询工作；自然、生物现象的日常观测、监测，资源的考察和勘察；有关社会、人文、经济现象的通用资料的收集，以及这些资料的常规分析与整理；对社会公众的科学普及活动；为社会和公众提供的测试、标准化、计量、质量控制和专利服务，但不包括企业为进行正常生产而开展的这些活动。

2. 天然气科技活动

结合国家统计局出台的统计规范，本书将天然气科技活动定义为：围绕天然气生产和管理业务链，油气田企业所发生的与科技知识的产生、发展、传播、应用与服务密切相关的，有组织的一系列工作。

3. 天然气科技投入

《研发投入统计规范》中明确提出：科技投入指支持开展科技活动的投入，包括从事研发、研发成果应用以及科技服务的所有投入。

因此，天然气科技投入是指油气田企业围绕天然气生产和管理业务链开展相关科技活动的所有投入，包括资本性投入和费用性投入。科技投入主要用于科技项目实施、科研机构运行、科技基础条件建设与维护以及科技人才的培养。天然气科技投入分散于整个天然气业务链条，包括在全部天然气生产和管理流程当中，科技投入预算与核算的思路与原则也是围绕生产和管理业务链条进行归集和核算。

（二）研发活动与研发投入

1. 研发活动

研究与试验发展的英文全称为"Research and Experimental Development"，英文缩写为"R&D"，中文简称为"研发"。研发活动指为增加知识存量（也包括有关人类、文化和社会的知识）以及设计已有知识的新应用而进行的创造性、系统性工作。基础研究和应用研究统称为科学研究。

《研发投入统计规范》中提出，研发指为增加知识存量（也包括有关人类、文化和社会的知识）以及设计已有知识的新应用而进行的创造性、系统性工作，包括基础研究、应用研究和试验发展，基础研究和应用研究统称为科学研究。国家统计局、科学技术部、财政部于2019年8月联合发布的《2018年全国科技经费投入统计公报》，对研发、基础研究、应用研究、试验发展等主要指标进行了进一步解释。

研发活动是科技活动的核心组成部分，具有三要素：有明确创新目标、有系统组织形式、有较强创造性。研发活动应当满足五个条件：新颖性、创造性、不确定性、系统性、可转移性（可复制性）。研发活动包括以下三类：基础研究、应用研究、试验发展。

2. 天然气研发活动

结合《研发投入统计规范》，研发活动为：研发活动是指为增加知识存量（也包括有关人类、文化和社会的知识）以及设计已有知识的新应用而进行的创造性、系统性工作，包括基础研究、应用研究和试验发展三种类型。研发形式包括自主研发、委托研发（委托境内机构或个人、委托境外机构）、合作研发、集中研发。油气田企业在业务链各环节开展的具有研发特点的各类项目均属于研发活动。

3. 天然气研发投入

国际会计准则委员会制定的《国际会计准则第9号——研究和开发费用》提出，研发成本应当包括所有直接归结于研究与开发行为的成本，或是能够合理地分摊在研发行为上的成本；研发项目投入全口径的预算和核算应分为研发直接投入、人员人工费用、折旧摊销费用、委托研发费用、其他间接费用。

天然气研发投入是指油气田企业围绕天然气生产和管理业务链开展相关研发活动的所有投入，即为获得新知识、开发新技术、新产品、新工艺和现场试验以及对前瞻性理论技术及工艺储备进行研究等发生的用于科研方面的全部支出，包括资本性投入和费用性投入。研发投入属于科技投入范畴。油气田企业在天然气研发经费方面的使用范围主要是围绕天然气勘探、开发生产建设进行的科学研究，新技术、新工艺、新产品开发，新技术推广，技术合作与交流和其他科技活动，以及建立科技进步成果奖奖励基金等。

（三）研发费用加计扣除

1. 国家对研发费用加计扣除的要求

《中华人民共和国企业所得税法》（2007年中华人民共和国主席令2007年第63号）第三十条规定，企业可以对开发新技术、新产品、新工艺（简称"三新"项目）发生的研究开发费用进行加计扣除。为进一步鼓励企业加大研发投入，有效促进企业研发创新活动，2015年11月，经国务院批准，财政部、国家税务总局和科学技术部（简称科技部）联合下发《关于完善研究开发费用税前加计扣除政策的通知》（财税〔2015〕119号）（简称《通知》），将获得新知识和创造性地运用新知识作为研发活动的重要目标，实际上将"三新：新技术、新产品、新工艺"的概念扩展为"四新：新技术、新产品、新工艺、新知识"（为了与国家法律和习惯称谓保持一致，所以本课题组继续沿用"三新"项目这一概念）。放宽了享受优惠的企业研发活动及研发费用的范围，大幅减少了研发费用加计扣除口径与高新技术企业认定研发费用归集口径的差异，并首次明确了负面清单制度。

"三新"项目包括以下四个方面：①新产品：采用新技术原理、新设计构思研制的新产品；结构、材质、工艺等方面比原有产品有明显改进，显著提高产品性能或扩大产品的使用功能。②新工艺：在一定范围内属首次应用；在工艺路线、加工方法等工艺流程某一方面或几个方面比原有工艺有明显改进，具有独特性、先进性及实用性。③新技术：在一定地域、时限和行业内有创新并具有竞争力的技术，包括：首次发明创造的技术、在原有技术基础上创新发展的技术；技术性能有重大突破和显著进步的技术、对原有技术进行重大改进的技术。④新知识：获得科学与技术新知识，创造性运用科学技术新知识。

2. 企业研发费用加计扣除的内容

研发费用加计扣除是一项鼓励企业科技创新的税收优惠政策，是在税前据实扣除的基础上，加成一定的比例扣除。研发活动是指企业为获得科学与技术新知识，创造性运用科学技术新知识，或实质性改进技术、产品（服务）、工艺而持续进行的具有明确目标的系统性活动。企业开展研发活动中实际发生的研发费用，未形成无形资产计入当期损益的，在按规定据实扣除的基础上，在2018年1月1日至2020年12月31日期间，再按照实际发生额的75%在税前加计扣除；形成无形资产的，在上述期间按照无形资产成本的175%在税前摊销。

3. 研发费用加计扣除的范围

《通知》规定了允许加计扣除的研发费用和不适用于税前加计扣除政策的活动。允许加计扣除的研发费用具体范围：人员人工费用、直接投入费用、折旧费用、无形资产摊销、新产品设计费、新工艺规程制定费、新药研制的临床试验费、勘探开发技术的现场试验费、其他相关费用以及财政部和国家税务总局规定的其他费用。

不适用于税前加计扣除政策的活动。①企业产品（服务）的常规性升级。②对某项科研成果的直接应用，如直接采用公开的新工艺、材料、装置、产品、服务或知识等。③企业在商品化后为顾客提供的技术支持活动。④对现存产品、服务、技术、材料或工艺流程进行的重复或简单改变。⑤市场调查研究、效率调查或管理研究。⑥作为工业（服务）流程环节或常规的质量控制、测试分析、维修维护。⑦社会科学、艺术或人文学方面的研究。

二、业财融合理念

业财融合是指借助高新技术手段将财务工作和业务工作相互融合。在此过程中，企业的财务人员需要全程参与具体的业务运营中，将企业财务由"事后监督"向"事前预测、事中控制、事后监督"转变，进而将财务核算的指标及工具应用到企业业务运营流程中。因此需要站在整个企业的角度去思考所开展的业务是否符合企业发展定位、所收集的信息是否有效反映企业所处的内外部环境、所采集的财务指标是否能展现企业当前的状况及今后的潜力。业财融合理念的不断深化发展，为科技创新管理会计建设提供了重要基础。

（一）业财融合的形成背景

业财融合是管理会计的第一步。作为管理会计的核心理念，业财融合越来越成为企业管理研究的重点，这是由业财融合本身的重要性和必要性所决定的。随着新经济的崛起、企业转型升级以及商业模式的创新，客观环境对会计提出了新要求，即财务人员在掌握相关专业知识、做好本职工作的同时还需要把握企业的战略定位和发展方向。在此背景下，业财融合观念越来越受到企业的重视。

2016年6月，业财融合被提升至原则的高度写入《管理会计基本指引》，这使业财融合及其作用受到了前所未有的关注。2020年10月，党的十九届五中全会通过的《中共中央关于制定国民经济和社会发展第十四个五年规划和二〇三五年远景目标的建议》指出，我国经济已由高速增长阶段转向高质量发展阶段，正处在转变发展方式、优化经济结构、转换增长动力的攻关期。加强现代化经济体系建设，加快构建以国内大循环为主、国内国际双循环相互促进的新发展格局将是当前情况下的经济主旨。在国家宏观经济政策背景下，企业与之相应地进行调整，推动了业财融合下的管理模式构建和财务人员转型。

党和国家领导人指出，要坚持科技面向经济社会发展的导向，围绕产业链部署创新链，围绕创新链完善资金链，破除制约科技成果转移扩散的障碍，消除科技创新中的"孤岛现象"，打通从科技强到产业强、经济强、国家强的通道。在我国深入实施创新驱动发展战略的背景下，这是党和国家领导人首次对产业链和创新链的关系进行论述，揭示了产业链、创新链、资金链的层层递进关系。基于此，科技成为财务信息化普及的最强动力，企业发展经历了技术上的飞跃，以财务共享中心为代表的财务管理和处理方式改变推动了业财融合的快速发展。财务共享中心是通过对人员、技术和流程的有效整合，实现组织内公共流程的标准化和精简化的一种有效手段。财务共享服务中心的建立提升了企业集团的财务管理能力。财务信息化的普及应用使凭证填制和报表生成完全脱离人工。财务信息化在提高财务工作效率、节约人工成本的同时，也推动了财务人员向管理转型。

（二）业财融合的重要意义

1. 提升生产经营管理水平

与关注核算的传统财务会计不同，管理会计更加注重实现价值的最大增值。它的实施过程主要包括预算编制、过程控制、管理报告和业绩考核4个方面。企业在预测决策的基础上，基于市场定位和竞争战略对已有资源进行优化配置，量化说明未来经济活动对企业带来的经济效益，从而为过程控制提供参考依据。在过程控制结束后，财务人员对与企业相关的生产经营有关的内部信息和市场信息做出解释和有效性评估，为相关管理人员提供数据支持。为督促、保障预算的完成情况，企业应定时对预算执行效果进行考核，从根本上提高企业管理水平，促进业财融合理论的实际应用。

业财融合实现了业务数据与财务数据的共享，为信息的实时共享提供了坚实的基础，在降低企业部门间沟通成本的同时，提高了信息的及时程度和准确性，有利于企业对业务财务进行统筹管理，进而提升企业的经营管理水平。在业财融合的背景下，财务人员更加了解市场，协助企业统筹考虑市场需求和自身生产能力，找到供求平衡点，进而使企业效益最大化。

2. 促进企业战略目标的实现

企业战略目标是决定企业经营成败的总体方案。它是基于对外部环境的评估、对消费者和供应商的分析、对竞争者的研判以及对企业自身财务数据、业务数据、人力资源等各项因素的综合分析而形成的。因此，要想实现企业的战略目标，就必须进行信息化管理，统筹以业务部门和财务部门为主的各个部门的数据信息。

业财融合可以使各部门之间的联系更加密切，使企业的财务、业务与战略紧密联系在一起，加强企业对各部门的统筹管理。在实际经营过程中，如果经营状况与企业战略出现偏差，各部门也可以通过实时监督及时协作调整，避免日常经营方向偏离企业总体战略目标的状况。同时，业财融合引入了新的管理模式，财务人员深入参与企业经营管理活动中，可以提升企业决策的有效性。这不仅有利于企业短期内取得竞争优势，更有利于企业长期发展战略的实现。

3. 促使财务管理工作前移

业财融合的实施将监督管理的重点由事后转向事前。面对多变的市场环境，没有一种财务管理模式是通用的。事前监督可以使会计从全局的角度进行布局，深入各个业务流程，以实际数据为依据进行规划，将行为科学理论与管理控制理论结合起来，对企业进行日常控制和量化管理，从而尽可能地避免因事后监督的延时性对结果造成不可逆转的影响。比如，标准成本确定。业财融合使企业能够通过对以往经济业务整合分析得出标准成本，并以此为基础对将要发生的业务进行相关预算。这使会计工作的重点由事后数据整理向事前数据预测转变，达到对所需费用进行控制的目的。在业务实际发生后，企业又能通过对脱离标准的差异进行分析，查明原因以进一步优化生产模式，这不仅加强了企业的内部管理，也大大提升了企业的生产效率。

三、战略管理会计

（一）战略管理会计理论内涵

战略管理会计是在传统管理会计基础上不断发展与丰富起来

的，对于企业发展战略具有重要的指导意义。战略管理会计立足战略管理视域，通过对企业发展内外部管理会计数据信息的收集和综合分析，为企业战略目标制定、资源整合以及战略控制等提供管理工具。战略管理会计强调整体性和长期性，重视内外信息，设置的绩效评价指标也更加科学全面，因此，其运用与实施能够帮助企业管理者正确分析和研判动态发展形势与企业的发展方向，通过管理会计数据的分析还能为各种风险预测和控制提供帮助，促进企业战略目标调整，从而帮助企业在激烈的市场竞争环境中取得良好的竞争优势。

战略管理会计理论框架是企业管理会计活动以企业价值创造为目标，涵盖企业长远发展战略，同时尽可能地量化财务战略，将财务管理理念、财务管理方式、财务管理流程进行整体再造和有序梳理的逻辑体系。包括如下要素：第一，明确企业价值创造目标；第二，明确企业战略与业务特点；第三，分析价值创造驱动因素；第四，基于企业价值创造驱动因素，重构企业财务管理活动。

（二）战略管理会计应用与成效

中国石油结合自身经营管理特点以及近年来加快推进高质量稳健发展的战略转型要求，遵循"战略引领、价值导向、业财协同、稳健发展、过程管控"的总体思路，坚持"运营"和"管控"并重，不断推进战略管理会计探索与创新，构建基于价值管理（Value Based Management，VBM）的战略管理会计理论框架，并基于此搭建"业财融合平台""全球共享平台""司库管理平台""资本运营平台""金融控股平台"五大财务运营管控平台，推动企业财务管理转型。

1. 聚焦开源节流降本增效工程，打造业财融合平台

基于价值链理论，企业的价值创造是一系列业务活动的优化和组合，因而财务发挥价值创造作用必然要向业务领域延伸。中国石油自2014年起全面实施开源节流降本增效工程，统筹各部门、各业务，以及改革重组、投资建设、生产运行各项活动，搭建了齐抓共管、全员参与、业财融合的价值管理平台。推进业财融合，首要任务是解决财务与业务部门思想认识不一致的问题，通过设定清晰、明确的经营目标，树立统一"价值观"，实现各部门、各业务及整体和局部在经营理念上的高度一致。①形成以多维价值导向为特色的目标引领机制，开源节流降本增效工程与全面预算管理互为依托、相辅相成。②形成预算目标＋开源节流降本增效奋斗目标"双轮"驱动的绩效管理机制。③形成以行动计划为特色的目标执行机制，使开源节流降本增效工程既有底线目标，又有具体中长期行动计划。④形成以业财融合为特色的价值创造机制，从强改革、调结构、拓市场、建机制、谋创新、防风险，以及控投资、降成本、去产能、去库存、去杠杆、促"瘦身"等方面，执行"一揽子"开源节流降本增效措施，推动各部门、各业务、各企业发挥各自优势，共同推进企业价值提升。

2. 聚焦流程再造和管理变革，打造全球共享平台

基于公共服务资源"大共享"的整体框架。中国石油共享建设明确了"一个平台，多路共享"，建设综合型共享服务体系的总体思路和框架。从集团价值链全过程出发，从全流程的视角对业务进行端到端的优化整合，推动公共资源整合运作及垂直管理与价值链协同，推动资源优化配置，提升整体运行效率和效益。①统一规划、协同建设。中国石油对共享服务建设进行统一的顶

层规划，内容包括战略定位、建设范围、运营模式、治理架构、组织机构、流程框架、系统架构、实施规划等。共享中心与各业务线共同制定统一的实施方案，包括实施步骤、标准和时间计划等，协同推进共享服务建设。②以财务共享为管理变革先行者的推进策略。中国石油共享服务建设理论、方法和工具可以概括为5个阶段、3个层级、10个维度。搭建了全球商务服务（GBS）建设框架。③以价值创造为核心的财务共享服务体系。中国石油共享服务建设按照国际先进共享服务标准优化业务流程、部门职责和组织机构。④以智能化为主要特征和发力点的关键举措，坚持智能化发展方向，积极创新应用智能化信息技术，代替人工执行重复性任务和流程，提升财务运行效率和效益。⑤以解决痛点难点问题为着力点的具体应用，形成按单位推广和按专项业务推广相结合的实施策略。

3. 聚焦集团公司资金一体化运营，打造司库管理平台

中国石油引入司库理念，推动资金管理向司库管理转型。司库管理平台建设作为司库财务的重要内容，有效对接风险控制、资本成本、资金配置等价值创造驱动因素，推动财务管理活动转型。"司库"是大型跨国公司普遍采用的先进资金管理模式，具有组织专业化、资源集约化、手段信息化等特点。独立于会计、税务，对资金资源进行垂直管理，成员企业的全部资金资源由集团公司掌控，风险统一管理，资金统一运作，运用先进的信息技术，与外部金融市场信息和内部ERP系统实现无缝衔接。建设集团公司统一资金池和票据池，实施集约化一体化运作。资金紧平衡管理，创新计划管控模式。深化债务集中管理，构建多元化融资渠道。突出重点覆盖全面，健全资金风险防范机制。高度重视信息

化，建设集团公司司库系统。

4. 聚焦资产创效能力提升，打造资本运营平台

推动财务管理向资本运营延伸，构建"资本财务"是中国石油财务转型的重要组成部分。近年来，中国石油按照"战略型资本运营、价值型股权管理"的思路，打造集中统一运作的资本运营平台，旨在建立完善产权全生命周期管理体系，通过实施重大资产重组，创新股权融资工具，加强上市公司市值管理，持续优化股权结构，不断完善控参股公司法人治理，落实投资收益和分红，实现资产价值提升。资本运营平台作为资本财务的重要内容，有效对接风险控制、资金配置与变革创新等价值创造驱动因素，推动财务管理活动转型。实施重大资产重组，实现上市公司资产创效。加强上市公司市值管理，提高企业内在价值。加强控参股公司治理，落实投资收益和股利分配。

5. 聚焦产业链价值提升，打造金融控股平台

金融控股平台建设作为资本财务的重要内容，有效对接资金配置、资本成本、风险控制、变革创新等价值创造驱动因素，推动财务管理活动转型。中国石油把做强做优产业链金融，作为资本市场价值创造的重要途径和推动财务管理向资本财务转型的重要抓手。2016 年以来，中国石油通过对金融业务实施专业化重组和股份制改制，将金融业务整合到中油资本并重组上市，打造金融控股平。发挥平台管控优势，实施金融专业化管理。深化产融结合，助力主业发展。推进融融协同，促进金融企业协调发展。坚持低风险偏好，严控金融风险。

第二节　国内外管理会计研究进展与挑战

一、管理会计内涵与发展阶段

（一）管理会计的基本内涵

1. 管理会计的定义

管理会计是会计的重要分支，主要服务于单位内部管理需要，是通过利用相关信息，有机融合财务与业务活动，在单位规划、决策、控制和评价等方面发挥重要作用的管理活动，重点是内部决策支持。

20世纪90年代，1988年国际会计联合会（IFAC）对管理会计的定义是"对管理当局所应用的信息（财务和经营的）进行鉴定、计量、积累、分析、处理、解释和传播的过程，以便在组织内部进行规划、评价和控制，保证其资源的利用并对它们承担经管责任"。2008年美国管理会计师协会（IMA）对管理会计给出了新的定义："管理会计是一种深度参与管理决策、制定计划与绩效管理系统、提供财务报告与控制方面的专业知识，帮助管理者制定并实施组织战略的专业领域。"其中涵盖了规划、预测和预算，绩效管理，成本管理，风险管理和内部控制，财务分析和投资决策等管理范畴。英国特许管理会计师协会（CIMA）将管理会计定义为"管理会计是与确认、提供和解释信息相联系的，是管理的一个组成部分，这些信息可以用来制定策略、计划和控制活动、做出决定、有效利用资源"。

2014年，财政部下发了《关于全面推进管理会计体系建设的指导意见》(简称《指导意见》)，《指导意见》中指出：管理会计是会计的重要分支，主要服务于单位内部管理需要，是通过利用相关信息，有机融合财务和业务活动，在单位规划、决策、控制和评价等方面发挥重要作用的管理活动。同时也指出了管理会计体系需要与财务会计体系相辅相成，相互融合。科技创新管理会计是管理会计对随环境而变的企业经营管理发展与领域延伸所作反应的结果。

2. 管理会计的基本职能

在现代管理会计工作中，主要是对宏观决策工具与管理工具进行了充分利用，在此基础上对企业未来发展进行合理规划，从而可以为企业管理人员提供非常重要的决策作用，即设计企业未来财务管理方向，整合运用预测与决策的经济分析工具，增强规划与控制的能力，提升分析与评价的水平，从而进一步促进企业战略目标的实现。

管理会计的控制作用主要体现在企业全面预算上，主要是对质量成本法、作业成本法、线性规划以及存货控制等模型进行充分利用，做好实际指标与计划指标之间的对比分析工作，针对其中存在的差异及时采取有效的措施进行完善，在最大程度上减小实际与计划之间存在的差距，从而有效提升企业生产经营效率。

（二）管理会计发展阶段与进展

1. 主要发展阶段

纵观20世纪以来，管理会计的发展历史大致可以分为以下几个阶段：

①执行型管理会计阶段。以成本控制为特征的追求效率的管理会计阶段（20世纪初到20世纪50年代）。执行型管理会计是为了满足企业迫切需要以最简单的方式，最快的速度，最小的投入

完成企业的生产和运营，从而提高企业的经营收益，是传统的事后核算型成本会计制度向事前预测型"标准成本"和"预算控制"制度的演变。通过测算每一个生产环节、生产步骤的完成时间，机器运行的所有花费，制定出标准的操作方法和有利的刺激性工资制度，从而提高劳动生产效率进而实现企业利益最大化。

②决策型管理会计阶段。以预测、决策为基本特征的追求效益的管理会计阶段（20世纪50—80年代）。决策型管理会计是由于伴随社会的发展，大量的现代科学技术广泛地应用于企业生产，企业生产力得到了极大的提高，单纯地依靠提高劳动生产率和改进企业内部管理远远适应不了企业内外形势的变化而产生的，决策型管理会计通过确定各项经营目标，合理配置企业现有的各种资源，调整和把控经济活动的各个环节，评价考核经营业绩，实现企业利益最大化。

③战略型管理会计阶段。以重视环境适应性为基本特征的战略管理会计阶段（20世纪80年代），核心能力成为一种新的管理理念（20世纪90年代）。战略型管理会计是由于经济全球化的迅速发展，各国文化的相互融合，企业行为不再具有独立的单方意志性，战略型会计由此产生，它克服了传统会计只看重企业内部管理而不注重对市场环境、竞争对手以及产业价值链分析的重大缺陷。

2. 当前取得的主要进展

管理会计越来越受到现代企业的重视，其不断发展表明管理会计在我国企业中的应用正在不断发展和改进，试图寻找到适合我国企业发展的模式。具体应用情况如下：第一，随着我国将管理会计思想融入企业经营管理的企业范围不断扩大，先进的、创新的管理会计方法成为广大企业的需求，即使越来越多的企业接受先进管理会计方法的思想,引入先进的管理会计方法,但应用的效果还不是十分明显;如量本利分析、制造成本计算和责任会计等,仍在普遍使用。第二,从我国管理会计的应用范围以及应用效果分析,经济越发达、企业规模越大、经营状况越好的企业在应用管理会计过程中遇到的问题可能相对越少,可见,管理会计的应用与多种因素相关。第三,目前,企业实践管理会计方法时,大多数都是自觉选择,其目的是也都是为了实现企业目标,获取更大的经济利益,增强企业在市场中的竞争力。因此基本以成本控制为主导,只有少数企业倾向于支持决策的转化。第四,为满足先进管理会计模式的要求,要想得到更好的管理会计应用效果,则对企业的组织机构、文化制度建设、会计信息化水平以及企业人员综合素质等提出更高的要求。

例如,中国石油华北油田制定标准成本和费用消耗定额,推广区块效益评价、油藏断块成本预算和"一组一策""一井一法"等精细方法230个,2017年油气单位完全成本比2014年下降10%。中国石化西北油田分公司通过实践,管理会计创新取得了一定成效,具体体现在如下几方面:为油气田产量与效益的决策提供支撑,在优化配置中实现效益配产配成本,为不同层级决策提供效益评价手段,建立了一系列效益评价方法,实现了一体化网络平台管理,取得了可观的经济效益。

二、管理会计与财务会计区别

顾名思义,企业管理会计与财务会计比较,其区别就是工作目标和职责不同,管理会计主要围绕企业的发展战略和效益目标,在决策、编制企业有效信息、制定管理目标等方面发挥作用,为企业的决策层提供相关依据资料。随着企业经营规模不断扩大，按照现代企业管理制度进行经营机制的完善和重组改造，逐渐形成集团化管理模式，管理会计发挥的作用更加明显。一方面管理会计能够对企业现阶段的经营状况进行综合评价，掌握市场动态，为企业科学发展的经济决策提供依据；另一方面管理会计还能全面评估企业生产及经营过程的优劣势态，利于企业及早通过编制预算，搞好成本控制，实现降耗增效，稳定企业经营效益，因势利导，更新管理，完善经营办法，实现企业的精细化和现代化管理，促进企业实现可持续发展。

相比于财务会计的监督核算职能外，管理会计更被定义为一种管理工具，在整合了财务会计分析过去的基础上，对企业当前经营活动加以控制引导，同时能够通过对财务数据的定性定量分析，结合市场发展对企业发展做出预测，起到筹划未来的作用。管理会计应当与企业形成相辅相成的内在关系，一方面通过管理会计完善企业管理，另一方面在企业的实践也会反作用于管理会计，为管理会计的发展提供新思路。

企业管理会计与财务会计对比主要体现在以下几个方面，见表1-3。

表1-3　企业管理会计与财务会计对比表

差异点	财务会计	管理会计
工作部门	财务部门/财务共享中心从业人员	财务部门和非财务部门。微观来说，有营运财务和非营运财务，从大数据宏观来讲，任何人都是管理会计从业人员
工作内容	财务记账/核算和财务报表数据获取	关注财务、营运和战略的结合，分析企业营运真实成本，内部利润和投资机会与结果

续表

差异点	财务会计	管理会计
重点	财务报告合规性	战略和营运的合理性,内部利益相关方的协同
关注时点	事后进行财务分析和财务报表编制	事前以管理和会计交互思维进行营运和战略方向判断和评估,并对相关风险收益进行预测,同时提出成本改善、利润提高等相关思路和方案
思维模式	单项:决策—会计	双向:会计—管理/运用—会计
管理体系	会计—财务经理—财务总监的财务汇报体系	分析层(管理会计技能)—管理层(营运系统联动)—决策层(思维模式建立)的三级体系
责任中心定义	财务人员被广泛认为是成本中心的参与者	管理会计参与到收入和利润中心的经营和决策中

三、管理会计应用与体系建设挑战

管理会计从西方引入我国虽然已达二三十年,但其实际应用状况却不甚理想。总体来看,管理会计的实际应用大体上存在着理论体系建设不完善、在实务运用中存在局限性、缺乏重视和系统应用、应用经验亟待系统总结和提高、缺乏职业化的管理会计师队伍等问题。

(一)缺乏一套严密而又行之有效的理论,认识不足

20世纪70年代以来,各种相关科学诸如行为科学、代理理论、信息经济学等的研究成果相继引入管理会计,拓宽了管理会计领域,修正了管理会计某些不合理的假设。可是,相关科学的引入并不全面系统,只是对管理会计的某些假设进行个别的修正。许多只是处于定性的分析阶段,缺乏实际应用价值。

因此，在实务中，企业虽然知道管理会计在企业经营管理中的重要性，但是依然在行动上表现为意识薄弱，企业过于注重生产环节与销售环节，忽视了管理会计在企业经营管理中的作用，不重视管理会计工作。由于企业管理会计意识薄弱，导致企业中管理会计部门在展开工作时的阻碍很大，各个部门不积极协调配合工作，管理会计工作难以顺利进行。管理会计部门不能及时准确地获取相关的会计信息数据，从而导致财务报表编制延后，出现账实不符的情况，不利于企业通过会计报表准确计量信息的成本和价值，从而无法进行信息的成本效益分析，使得企业领导层无法根据现有的财务报表进行决策，延误了企业的生产经营。

（二）管理会计的方法在实务中的运用具有较大的局限性

由于传统管理会计的理论是依据特定的经济环境而建立起来的，它所确定的定量模型和假设在变化着的现实经济生活中有许多并不能成立，人们很难运用这些理论和模型来解决实际问题。例如，投资决策分析中货币时间价值的计算问题，所有教材都是沿用西方国家的复利制计算利息，而我国则普遍应用单利制计算利息。这种理论严重脱离实际的方法影响了它的实际应用，以至出现了"长期投资经营决策和长期投资敏感分析几乎没有企业在实际中予以应用"的情况。此外，追求高深莫测的理论与数学模型，有的将一些本来比较简单的方法加以复杂化，使其不易掌握，可操作性差。

（三）实务界缺乏对管理会计的重视和系统应用

我国自20世纪70年代末从西方引进管理会计知识体系至今已有近30年的历史，但令人遗憾的是，近年来我国及国外的会计学者所做的各项调查结果表明，迄今管理会计在我国企业中仍未得到广泛重视和系统应用。目前管理会计的应用主要是在沿海地区和外资企业，而西部、内地应用极少。这主要是因为管理会计的基层教育滞后，普及率低，对管理会计所能产生的经济效益没有清楚认识。尤其是财务报表作为企业成果的重要体现，一直以来备受关注，传统的经营理念也更偏向于财务会计，企业未能深入地理解管理会计，加之当前的管理会计体系尚未成熟，甚至部分财务人员也未能全面理解管理会计，而且在绝大部分企业的日常运营中，财务人员未能参与到企业的决策以及流程设计中，仍然只是作为记账会计存在，进一步导致其思想一直停留在记账、审核上，缺乏管理思维。

（四）管理会计应用经验亟待系统总结和提高

从实践上看，我国部分企业已有了一些开展管理会计的成功经验，如20世纪70年代大庆油田开展的内部结算、80年代吉林省开展的厂内银行、90年代邯郸钢铁集团有限公司推行的"模拟市场核算、实行成本否决"的"邯钢经验"等。但令人遗憾的是，我国会计界对实践中已有的一些典型成功案例明显缺乏系统的研究和归纳总结，到目前为止只有很少的案例得到了系统的研究与总结。缺乏具有示范性或样板性的典型案例研究报告，是管理会计在我国企业未能得到有效普及和推广的重要原因。

管理会计体系不够健全也是影响企业管理会计工作效果的原因之一。管理会计体系从功能上看是通过整合处理会计信息，编制简单明了的财务报表，以便企业管理层和相关人员能根据提供的财务信息了解企业现阶段的经营成果，进而做出未来生产经营决策。但是企业的管理会计体系尚未健全，部门过于单一，无法形成管理会计体系，难以满足企业交易数量多、交易金额大的财务管理工作，进而阻碍了企业的经营发展。

制度不健全也是当前管理会计体系构建的一大问题。一些企业虽然构建了成本核算体系，但是因为意识不足、制度不健全等原因，尽管有专业人员收集了大量的成本核算信息，仍难以有效帮助企业经营层进行决策。同时，由于不健全的制度，导致企业内部组织架构方面存在缺陷，难以充分发挥管理会计的作用，提出的建议也很容易被无视。久而久之，管理会计变成了可有可无的存在，进而导致个人在职位以及经济上都难以实现价值最大化。

（五）缺乏职业化的管理会计师队伍

在我国企业，管理会计的任务和职能基本上由财务部门和成本核算部门承担，没有专门机构和专业人员承担其任务和履行其职责，无管理会计师专业队伍，全国也无此类技术资格考试。由于企业把工作重点和主要精力放在会计循环上，只考虑会计实务是否符合会计惯例，而不去考虑是否有利于企业战略目标的实现，致使管理会计与财务会计发展不平衡，从而制约了它的推广和运用。

因此，企业管理会计人员专业素质较低是造成管理会计体系不规范的原因之一。企业由于管理会计工作内容较多，资金数额较大，管理会计的高效、严谨对企业的经营管理十分重要，管理会计工作对工作人员的要求极高，不仅要求管理会计人员具备充分的理论知识，还要有相当丰富的实践经验。但是，现实中企业的管理会计人员的专业性较低，无法高效地进行管理会计工作，在工作中过于依赖实际经验，反而忽视了专业知识的学习，不利于企业的管理会计工作有效进行；在工作流程上过于烦琐，不能为企业的经营管理提供及时的管理会计工作成果，企业管理会计的工作效率有待提升。

企业为了降低人力资本以及管理资本，再加上管理者对管理会计认识不足、理解有限，往往在组织设置的时候会忽略管理会计岗位，从而导致企业内部没有专人去从事数据的收集工作，更谈不上整理、研究和分析相关的信息了，这样就使得企业内部难以形成专业的管理会计人才团队。此外，就整个外部大环境而言，对管理会计的培训也是少之又少，基本上都是财务会计以及财会知识方面的培训，这样也造成了管理会计专业人才的匮乏，从而，无法为企业管理会计体系构建提供强大的人才储备支撑。

第三节 科技创新管理会计研究进展

一、科技创新管理会计

（一）发展阶段

科技创新管理会计发展经历了四个阶段：第一阶段强调科技成本确认，主要注重科技成本核算的真实和精确；第二阶段强调科技成本相关性，主要注重不同科技目的的不同成本信息要求；第三阶段强调科技成本决策分析功能，主要强调科技成本管理的战略价值；第四阶段强调科技战略成本动因，主要强调科技战略决策情形下各科技行为层面的激励和考评。第一、二个阶段实质上是属于财务会计的技术方法范畴。第三、四个发展阶段具有财务管理会计独特的技术方法体系。企业环境的变迁可能会影响财务管理会计研究焦点的转移，或对原先适用的财务管理会计技术方法提出挑战这也就产生了财务管理会计技术方法创新的现实需求。

（二）科技创新与管理会计的关系

1. 科技创新与管理会计是相辅相成、相互促进的关系

一方面，科学技术的发展使传统财务会计的核算、确认工作快捷而准确，在大数据、云计算、智能化的环境下，很多会计信息可以动态生成，会计报表的产生、数据的披露也可以随时完成。这极大地提高了利用会计信息进行决策、分析、控制的管理会计的工作效率，能及时地为科技管理者提供决策的依据，促进企业的发展。另一方面，科技创新管理会计预测、决策等职能决定了企业科技管理者是否会对科技创新进行人力、物力和财力的投资，科技创新管理会计提供的信息是企业是否要投资研发或引进某项目的重要依据。

2. 科技创新与管理会计之间存在作用与反作用的关系

科技创新促进了行业发展，增强企业间的竞争，科技创新的特点决定了科技创新能够推动管理会计随之创新。科技创新管理会计为了满足企业不断发展、竞争力不断增强的需要，在企业经验管理过程中必然对技术进步起推动作用。它们还有共同点的目标，即都是为了实现油气田企业的可持续发展。

科技创新管理会计将科技创新与管理会计结合起来，实施全成本预算和核算，其预测、决策、规划职能决定了企业科技管理者和决策者是否会为科技创新进行资金、人才、信息、制度上的投入，达到提高企业经济效益和竞争实力的目的。

二、科技创新管理会计体系

（一）科技创新管理会计体系的定义

管理会计以战略、财务、管理以及业务上的各种企业信息作为基础，其形成的丰富、实用的数字化信息是通过分析、整理、加工等手段获得的，从企业发展的战略角度出发，涉及企业所有业务的各个方面，为企业的战略实施和管理决策提供服务。预算管理、成本管理、绩效管理和管理会计报告是传统管理会计的内容，构成了管理会计体系的内核，是管理会计的核心内容；战略管理、营运管理、投融资管理、风险管理是对管理会计价值的拓展性的应用领域，构成了管理会计的外延性内容。此外在管理会计体系中，全面预算管理、成本管理、绩效管理、管理会计报告相对独立，但又都涵盖于管理的全过程（事前、事中和事后）。

因此，唯一可以将企业财务、企业战略、科技活动联接在一起的科技管理体系就是科技创新管理会计体系。一是科技创新管理会计体系是一个系统化的，能够将企业的战略方针、财务发展、科技活动有效地结合在一起的企业科技管理体系。不同科技发展阶段、科技管理水平、科技类别、科技管控模式的企业，其科技创新管理会计体系大相径庭。二是科技创新管理会计体系本身就是一个涵盖多层次、多种方法的复杂的工具体系，其主体结构由科技全面预算管理、科技成本管理、科技绩效管理和管理会计报告这4类工具构成，它们互相影响、互相包容、互相决定，最终服务于企业科技战略目标的实现。

（二）科技创新管理会计体系的内容

科技创新管理会计体系作为一个涵盖多方面科技创新内容和技术的工具体系，主要由科技创新全面预算管理、科技创新成本管理、科技创新绩效管理以及科技创新管理会计报告四大结构组成，它们相互影响，且又相互促进，共同服务于企业的相关战略以及决策活动。理论、指引、人才、信息化和咨询服务组成的"4+1"的有机发展模式。对于油气田企业而言，构建科技创新管理会计体系是为了最大化保障企业科技战略目标的实现，加强对科技资源的约束，强化科技创新风险控制，提高企业自身的科技创新管理质量和水平，在竞争激烈的能源市场环境中占据有利地位。

管理会计体系的核心价值可以用 8 个字来阐述，即预测、控制、决策和评价。具体表现为：①预测：即预计、推测企业未来销售、利润、成本、资金等各项财务指标的变动趋势和水平。②控制：即对企业运营过程进行跟踪，了解掌握计划的执行情况，对出现的差异进行分析、评价，督促有关部门及时采取措施，保证经营活动按预定的计划有效地推进。全面预算管理涵盖预算编制、预算控制、预算分析、预算评价。③决策：即通过对信息的分析比较，确定是否要采取某种行动或在几种方案中选择出最优方案。管理会计主要为决策提供信息支持，而这些信息要想真正发挥决策支持作用，就需要根据决策的主题进行整合与处理，最终形成各种管理会计报告，如战略损益表、业务结构资产负债表、单品效益表、人工成本表等等。④评价：主要是对部门、个人的业绩进行评价和考核，并据此对企业运营活动的各方面进行调整和控制的过程。毋庸置疑，代表业绩评价的绩效管理是管理会计发挥评价职能的核心工具。

（三）科技创新管理会计体系的作用

管理会计体系对企业的经营管理是极为重要的，不仅贯穿于企业的经营管理中，在项目开始前期以及项目结束后期都要进行会计管理工作。因此，科技创新管理会计体系为企业的创新驱动发展提供了重要保障，有利于企业高质量发展。

科技创新管理会计涉及多方面内容，具体而言，主要解决3项内容：

1. 促进科技创新全成本预算与核算体系建设和管理

科技创新和企业成本管理之间保持一种共生互动关系，技术的应用和创新牵涉企业科技创新成本管理，而科技创新成本管理水平的提升更依赖于对技术经济一体化的企业成本管理体系的建立健全。分析科技创新成本的基本特征，这包括科技创新成本高、消耗性强、风险性大、分散性强等特点。实施科技创新成本管理，其中要使用作业成本法，增加归集间接计入成本的成本库数量，改变将间接计入成本分配至成本对象中的标准。科技创新管理会计须明确作业成本法计算并管理科技创新成本的具体步骤。这要求企业先要确认科技创新的核心过程，对企业科技创新成本的构成加以明确。积极组织和收集企业各项作业耗费的资源成本数据，同时构建企业科技创新成本剥离及归集的模型，将成本直接归属至各个特定的科技创新项目中。

2. 支撑科技创新管理会计须实施科技创新投资决策分析

针对企业进行的各项科技创新活动，所产生的资本支出便是企业科技创新投资，此种投资具备成本不可逆性、不确定性、高风险性、竞争性期权性、高收益性、投资的外部性及外溢性等特征。由此，企业在进行科技创新投资决策分析时，应积极选择新的合适的方法，实行油气科技创新投资风险与决策分析。

3. 保障科技创新管理会计须开展企业科技创新的绩效评价

企业科技创新总体绩效水平所受到的影响，表现在对创新投入的影响、对创新产出的影响、对创新产出及投入的协同影响，基于此，应积极设计一个全新的企业科技创新绩效评价指标体系，即创新产出绩效包括油气田企业项目经济效益、科技创新成果应用实际收益分成和预期收益分成、科技创新成果的社会生态效益，以及创新过程绩效评价，为油气科技创新管理会计体系建设服务。

第二章

天然气科技创新管理会计建设中存在的问题

根据企业管理会计的目标、职能、内容和方法等，天然气科技创新管理会计是针对油气田企业科技与天然气生产和经营活动，通过特定的方法收集、分析数据，为油气田企业内部管理人员提供有用的创新驱动发展决策信息支持，以促进油气田企业科技创新预测、决策、规划、控制和考核等职能。当前，天然气科技创新管理会计建设还处于发展阶段，还存在诸多问题。

第一节 体系构建的主要依据

一、依据国家关于推进管理会计体系建设的相关要求

（一）财政部全面推进管理会计体系建设要求

为贯彻和落实党和国家深入推进科技创新强国战略，全面提升会计工作总体水平，根据《会计改革与发展"十二五"规划纲要》，财政部印发《指导意见》，指出要全面推进管理会计体系建设，建立现代财政制度，推动企业建立完善现代企业财务制度的

重要举措。管理会计侧重于对财务数据的分析,通过对财务数据的整合分析为企业的经营管理,发展方向精准定位。这种管理模式是企业的管理转型,是企业创新管理办法的有力支撑。

财政部发布的《指导意见》指出,构建出由理论、指引、人才、信息化和咨询服务组成的"4+1"的有机发展模式,即全面推进管理会计体系建设(推进管理会计理论体系建设,推进管理会计指引体系建设,推进管理会计人才队伍建设,推进面向管理会计的信息系统建设)。这是建立现代财政制度、推进国家治理体系和治理能力现代化的重要举措;是推动企业建立、完善现代企业制度,是激发管理活力、增强企业价值创造力,是进一步深化会计改革,推动会计人才上水平、会计工作上层次、会计事业上台阶的重要方向。油气田企业积极搭建好司库、大数据库、开源节流降本增效案例库和专业人才库,引进或研究价值分析工具和模型,充分利用管理会计的方法和手段,为提质增效提供支撑。所以,在科技创新驱动油气产业高质量发展的背景下,推进油气田企业科技创新管理会计体系建设是大势所趋。

(二)相关部委强化中央企业研发投入考核管理的需要

国家统计局《研发投入统计规范》中,研发投入统计的基本原则为法人单位在地统计。法人单位指同时具备下列条件的单位:依法能够独立承担民事责任,有权与其他单位签订合同,会计上独立核算。这也规范了油气田企业研发投入统计项目内容和报告期实施研发活动而实际发生的全部经费支出情况。

国资委新增研发经费投入强度考核指标。2006年,国务院出台了《国家中长期科学和技术发展规划纲要(2006—2020年)》,明确提出我国到2010年、2020年研发强度分别达到2%、2.5%的目标。中央经济工作会议（2019年12月10日至12日）推进国有企业改革三年行动方案，国资委从2020年起对中央企业经营业绩考核，将在保留净利润、利润总额、资产负债率3个指标基础上，新增营收利润率与研发经费投入强度等指标，即"两利三率"的指标体系，统筹推进中央企业量的合理增长和质的稳步提升。从研发经费投入强度这一指标来看，突出反映了国资委旨在借助考核来引导、倒逼中央企业持续提高发展质量，更强调中央企业在创新驱动方面的提升，把增长建立在技术创新的基础之上，以技术优势来提高产品增加值率，增强盈利能力，这对于中央企业转变发展模式亦具有重要意义。

《关于引导企业创新管理提质增效的指导意见》（工信部联产业〔2016〕245）为更好地发挥管理会计的作用，支持企业创新管理提质增效，实现企业的稳步发展指出了明确的道路。《指导意见》中要求合理使用企业资源、加强内部管理、辅助企业经营决策、支持战略风险管理，正是管理会计的核心。管理会计作为企业管理的重要工具，在创新管理、提质增效的实践中应该发挥主力军的作用。

二、依据科技创新背景下管理会计发展方向与趋势

（一）科技创新推动的成本管理

随着智能制造模式的广泛应用，科技创新本身及其自动化、智能化的特点决定了以机器小时和人工小时进行间接费用分配的传统成本法不再适用于企业成本的核算，新发展起来的作业成本法是最好的选择。该方法将直接成本的归集和间接成本的分摊细化到每一流程、每一客户、每一订单，使成本分配更加准确和真

实。并尽可能消除"不增加价值的作业",增加能提高客户价值的作业。

在全球化趋势的背景下,原材料的采购扩展到世界各国,因此成本的分析也应基于整个价值链,管理会计需要突破企业的范围,面对整个链条去分析和决策。产品更新换代速度的加快使得成本的核算不能只局限于生产制造,而要对整个产品的生命周期进行管理。

(二)科技创新推动的投资决策分析

企业的投资是指为了在可预见的未来获得收益而投放一定的资本或实物的经济行为。正确的投资决策是企业成功的首要前提,也是企业可持续发展的关键环节。传统的投资决策方法分为静态分析方法和动态分析方法。静态分析法包括回收期法,会计报酬率法;动态分析方法有:内含报酬率法,净现值法等。这些方法要求企业精确地估计项目的建设期、回收期,各年的净现金流量和折现率,且投资的内外环境不发生预期以外的变化。所以传统的投资决策方法仅适合低风险、低不确定性情形,不适合在不确定性环境下应用。

在大数据时代下,管理会计的决策视角要从过去面向未来。企业需要制定方法和程序来对预测的未来数据进行评估,并及时更新和挖掘大量的数据,必要时建立模型进行分析。善于发现潜在的机会和威胁,提高企业风险识别能力,把握好项目进展情况并随时做出有利于企业的调整。

(三)科技创新推动的绩效评价

绩效评价是指运用数理统计和运筹学的方法,采用特定的指标体系对照统一的标准,按一定的程序进行分析对比,对企业某一期间的经营效益和经营者业绩做出客观公正的综合判断。

绩效评价自产生以来出现了成本模式、财务模式、价值模式和战略模式，随着科学技术的进步，新型的绩效评价工具如经济增加值、平衡计分卡正广泛应用于企业。经济增加值构建了一个全面的财务管理框架，强化了研发创新和知识资本的创造；平衡计分卡则以企业战略为导向，从财务、客户、内部业务流程、学习创新四个维度设置目标和评价指标，全面评估了企业绩效，更适合企业的管理。

第二节　天然气科技创新活动与财务融合

一、天然气勘探开发业务流程与技术需求

天然气行业属于资源采掘业，生产经营的核心是根据市场需求不断探索地下天然气资源，采用先进的开采工艺技术，将气藏中的可采储量开采出来，把投入资本转化为储量，成为可利用的商品气，并通过管道或其他方式输送给用户。处于产业链上游的天然气勘探开发是一个综合性、系统性的资源开采建设与生产过程，包括气藏地质研究、资源勘探、气藏描述、开发设计、钻井作业、井下作业、采气作业以及矿场集输与净化处理等多个作业流程。每个业务都需要大量的资金、设备、技术和相关专业人才投入。其中，勘探业务和钻井业务，并不直接产生利润。

（一）天然气勘探业务与技术需求

天然气勘探是指利用各种勘探手段了解地下的地质状况，认识天然气生成、储集、运移、聚集、保存等条件，综合评价含气

远景，确定天然气聚集的有利地区，找到储集的圈闭，探明天然气面积，搞清气层情况和产出能力的过程。根据了解地下情况的程序和工作特点，天然气勘探分为区域勘探、圈闭预探和油气藏评价勘探3个主要业务阶段，地震勘探和钻（完）井业务贯穿于这3个阶段，天然气勘探开发作业流程与技术体系如图2-1所示。

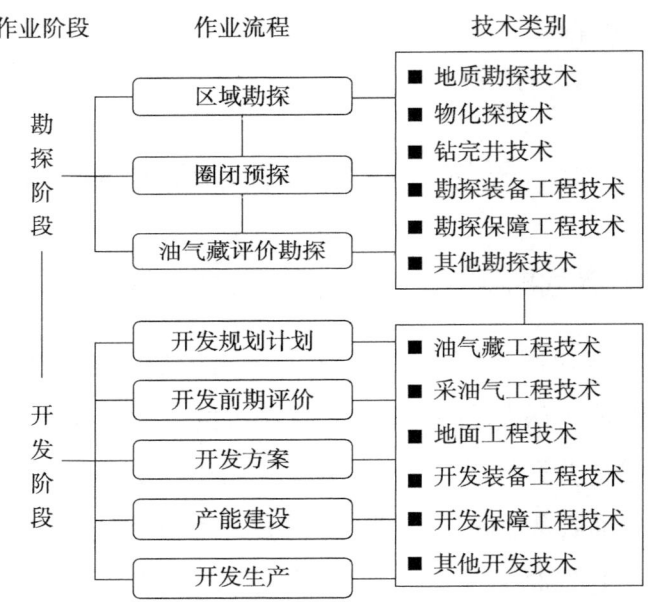

图2-1 天然气勘探开发作业流程与技术体系结构图

（二）天然气开发业务与技术需求

气田开发划分为上产、稳产、产量递减和低产4个阶段，划分节点分别为产量达到方案设计规模、产量开始递减和产量低于方案设计规模20%。随着气田开发的不断进行，多种类型的油气藏（如低渗砂岩气藏、高含硫气藏、异常高压气藏、有水气藏等）

相继投入开发。这些气藏具有不同的地质及开发动态特征,开发过程及效果存在较大差别。天然气开发作业主要由气藏工程、采气工程和地面工程业务来完成。

二、天然气技术形成与科技成果创效机制

(一)科技创新过程与技术商业化

科技创新是一个开始于研究而最终在市场实现价值的过程,其最终目的是技术的商业化运用,即要求首次开发的技术成果在企业中顺利实现转化,为企业取得创新效益。结合前人有关创新过程的研究,按时间发展的逻辑顺序所表现的科技创新过程具体如图2-2所示。

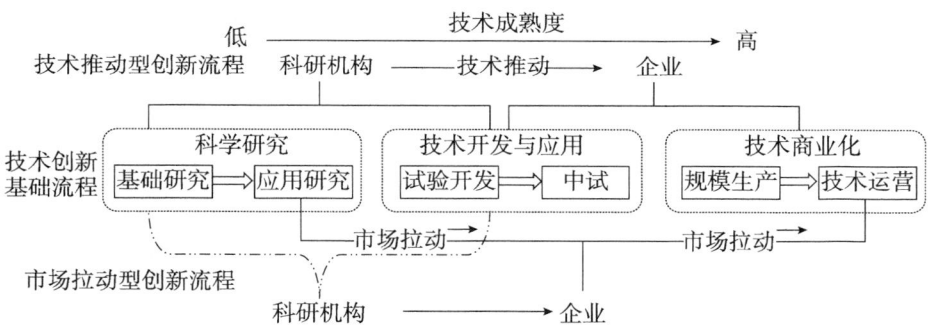

图2-2 科技创新过程与技术商业化示意图

完整的科技创新过程是技术成果形成,新产品产生直至成功商业化的过程,大致可以划分为科学研究、技术转化、商业化3个阶段,具体创新过程按照时间先后的逻辑关系包括基础研究、应用研究、试验开发、中试、规模化生产和技术运营等环节。

科技价值链的行为主体就是科技创新过程各参与方，具体包括高校/科研机构、企业、政府、中介机构等，各主体在创新的过程中发挥着不同的作用，保障科技创新的顺利进行。在天然气科技创新中，各参与方与创新过程的关系如图2-3。

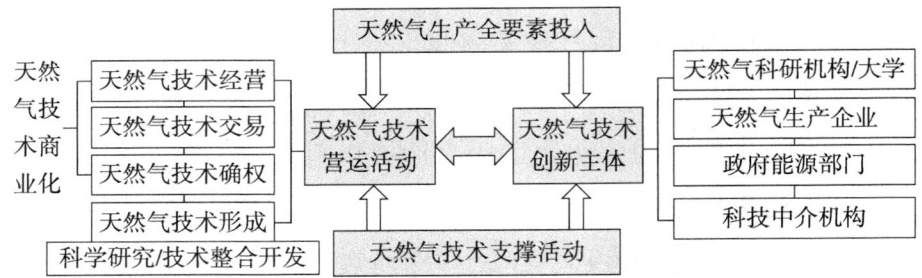

图2-3　天然气科技创新主体与技术运营活动间的关系图

（二）技术形成阶段与价值变化特点

1. 技术研发与价值形成

天然气技术来自对天然气生产与经营的实践活动，获取途径有3个：一是来自油气类大学、科研院所、其他合作型科研组织的集体科学研究，这也是现阶段天然气技术形成的主要渠道。二是来自企业自建技术工程队伍与研发中心的科技创新成果。三是独立个体劳动。在天然气生产经营实践中，人们为了尽可能地降低劳动强度，积极改进劳动工具，发明新的劳动技巧、劳动工具与方法，提高天然气产业的整体技术水平。

2. 技术开发应用与商业价值实现

在技术开发应用阶段早期，是应用基础理论的有形化将技术资源与市场需要联结起来的阶段，科技创新从根本性创新转移到工艺创新，主要是提供主导设计的产业标准，降低市场不确定性，开始产生直接经济效益。在技术开发应用阶段中晚期，当科技创新主导设计确定后，技术性能基本稳定，大规模应用成为可能，企业由此享有规模经济，同时创新程度下降，科技创新的重点是以降低成本和提高质量为目标渐进式的工艺创新。技术已经过二次开发而具备向生产力转化的能力和条件，技术的价值主要由其商业价值（可能带来的超额利润）构成。

3. 技术应用晚期与价值衰减

在技术由成熟向衰退的阶段，技术所能带来的超额利润已较少，科技价值主要由技术交易或转让过程中供需双方的投入成本构成，包括人力、物力、财力等。

（三）科技成果创效机制特性

1. 天然气科技创效的周期性与阶段性

（1）周期性

天然气科技成果创效涉及天然气勘探开发项目全生命周期评价问题。一是天然气勘探开发项目全生命周期性，技术创效从天然气勘探开发项目全生命周期视角进行评估更为符合实际。二是天然气勘探开发技术要素全生命周期性。天然气科技创效在天然气项目全面周期内都存在不同程度的作用。

（2）阶段性

天然气勘探或开发流程创效的阶段性。天然气技术创效在勘探或开发早中晚期差别很大。例如，天然气勘探阶段时不能实现天然气价值，只有到开发阶段形成商品产量销售，才能实现投资回报。天然气技术要素流程创效的阶段性。天然气技术要素具有技术自身的生命周期与创效流程，在技术的成熟阶段较为广泛地应用，其创效能力较强。

2. 天然气科技创效的协同性与级序性

（1）协同性

所谓协同就是指协调两个或者两个以上的不同资源或者个体，协同一致地完成某一目标的过程或能力。天然气行业是资本密集型和技术密集型行业，天然气增储增产是全生产要素协同作用和技术体系协同创效的结果。一是天然气生产要素（资本、管理、劳动、技术）协同创效指的是天然气全生产过程中全生产要素有差别的投入和协同作用，实现天然气发现、增储和增产。计算油气田科技成果经济效益时必须在全生产要素增量经济效益的基础上，减去非科技因素的增量经济效益。二是增储增产是天然气勘探开发技术体系协同作用的产物，所谓单项技术也是若干技术集成的产物，仅依靠某项单一技术在增储增产中获得较大效益几乎是不可能的。

（2）级序性

一是天然气技术体系创效的级序性。在天然气勘探开发技术谱系中，从一级、二级、三级、四级技术，创效能力降低，总体技术能力大于次级技术创效能力。二是天然气单项技术创效的级序性。同一天然气单项技术创效能力因应用业务对象、阶段、与其他技术的组合方式等，会造成不同的创效结果。

3. 天然气科技创效的依附性与延时性

（1）依附性

科技不能脱离物质和能量而独立存在，需要依附付一定的载体，而且，同一个科技可以依附不同的载体。天然气资源、勘探开发业务流程和天然气产品等载体，都可成为科技的依附性。一是对天然气资源载体的依附性。天然气科技应用对象为天然气地质与工程作业，归结为储存具有工业开采价值的气藏地质体，其中天然气资源为天然气技术创效的主要载体。例如，四川龙王庙气藏开发与低渗透致密油气开发，创效差异巨大。二是对勘探开发业务流程的依附性。同一天然气科技应用于勘探阶段或开发阶段差别较大。例如，地质勘探技术在勘探阶段价值较大。三是对天然气产品的依附性。天然气生产要素产出净值都依赖于天然气产品市场营销。在勘探开发阶段若无储量发现，所有投入沉没。只有实现天然气产品销售才能最终体现天然气科技开源节流降本增效的作用与价值。

（2）延时性

一是技术要素投入产出的延时性。天然气储量和产量获得或实现的过程就充分体现了要素投入价值实现的延时性。二是技术创效确认的延时性。勘探阶段是不能获得效益的，当储量市场发达到可进行储量商品交易，或通过天然气销售才获得收入，才能实现生产要素投入的市场价值实现。实践证明大型油气藏的发现是多年坚持勘探实践和持续科技创新投入的产物，也就是整个勘探技术体系协同、持续、波浪式应用的结果。如四川盆地大天池油气田、龙王庙特大型气田的发现。

4. 天然气科技创效的多维性与间接性

（1）多维性

一是经济与社会效益类型的多维性。天然气科技成果的经济效益往往表现为直接效益、间接效益、预期经济效益、社会效益、环境效益、安全效益、市场效益以及近期效益与长远效益等多维性。二是科技成果效益类型的多维性。天然气科技成果直接经济效益类型主要包括：增储、增产、降本、工程技术服务、科技产品交易等。也还包括间接经济效益中的其他类型。

（2）间接性

一是效益分割的间接性。天然气科技成果创效无论属于直接经济效益，还是间接经济效益，都需要在通过各种方式确定效益质量的前提下，经过技术收益分成或分割方式才能确定，即在确定效益质量方式方面的间接性。二是效益计算的间接性。由于效益分割的间接性，形成多种科技成果收益分割技术和数学模型，其主要参数指标赋权也只能采用间接方式确定，导致效益计算的间接性。

三、天然气科技创新业财融合

业财融合是管理会计的第一步，作为管理会计的核心理念，2016年6月被提升至原则的高度写入《管理会计基本指引》。与关注核算的传统财务会计不同，管理会计更加注重实现价值的最大增值，能够提升生产经营管理水平、促进企业战略目标的实现、促使财务管理工作前移。

天然气科技投入对象主要是围绕天然气业务全链条的科技活动，研发投入围绕天然气勘探开发生产建设关键业务流程展开，投入产出具有明确有效的因果关系，使得天然气科技创新业务活动与财务融合具有严密的内生约束，如图2-4所示。

因此，在信息管理上，财务会计、科技管理与税务管理信息必须有效整合。政府科技管理部门需要企业提供科技投入相关信息；国资委、财政部需要企业提供与研发强度信息；国家税务总局和财政部需要企业提供所得税研发费用加计扣除（"三新"项目）相关信息；企业投资者、债权人等会计信息使用者需要研发

第二章 天然气科技创新管理会计建设中存在的问题

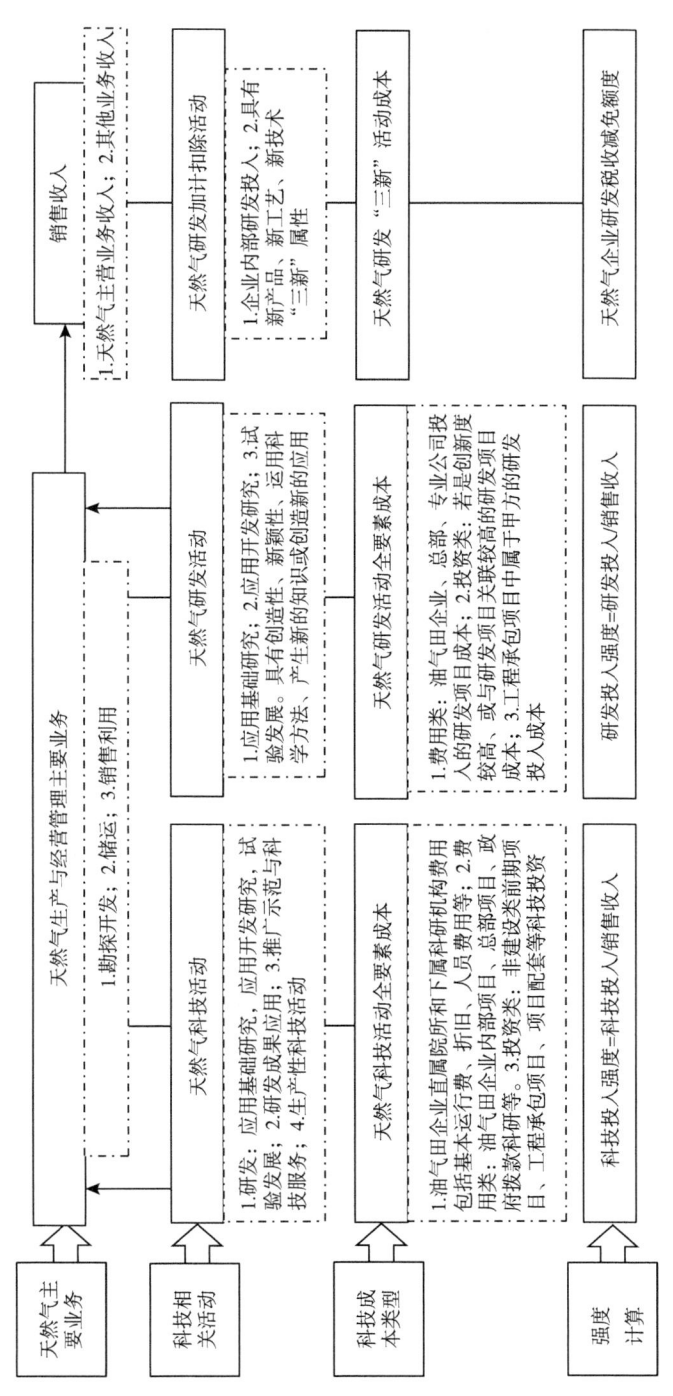

图2-4 天然气科技创新业财融合机制

支出费用化与资本化信息。而这些信息都无法由某一个系统单独提供，必须将三者结合起来。系统利用财务会计信息、科技管理信息与税务管理信息，统计科技投入强度、研发投入强度和"三新"项目所得税加计扣除，只有通过管理会计理念，综合运用统计学、财务会计学和税务学理论将三者有效结合起来，如图2-5所示。

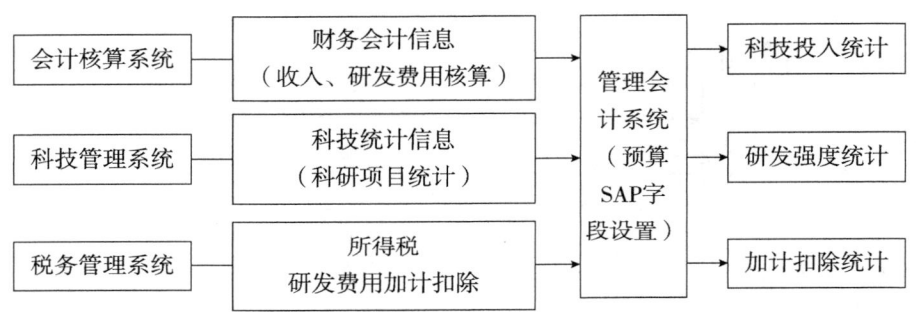

图2-5　管理会计信息系统整合财务会计、科技管理与税务管理信息

第三节　天然气科技创新投入管理问题

一、科技投入管理职责较弱、流程不够完善

根据中国石油科技投入管理的相关办法，梳理相关部门的职责与科技投入预算程序，可以看到，油气田企业对科技管理部门在预算流程中的职责定位不断加强。如图2-6和图2-7所示。

第二章 天然气科技创新管理会计建设中存在的问题

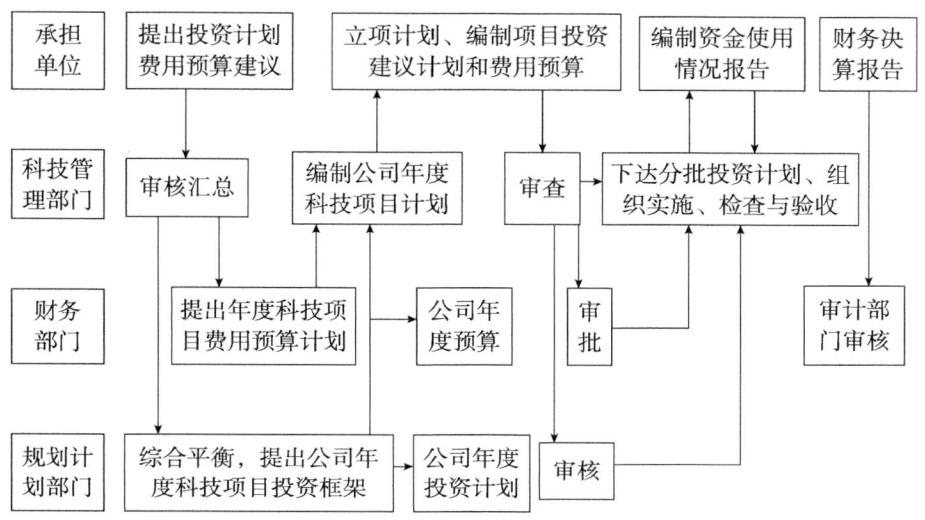

图2-6 科技管理部门在预算管理中的职责（2014）

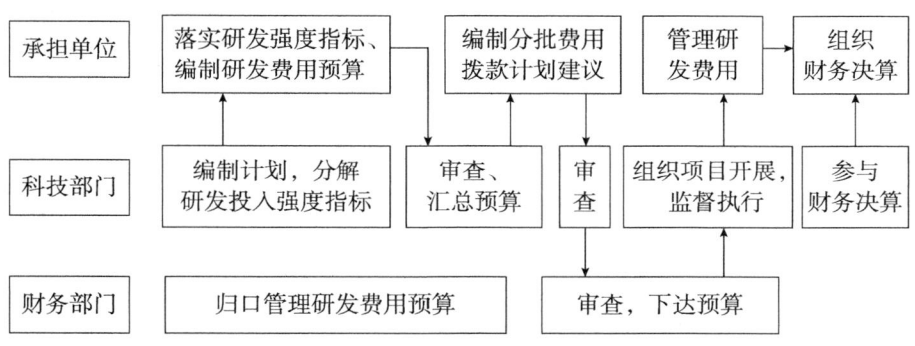

图2-7 科技管理部门在预算管理中的职责（2019）

在梳理相关制度办法时发现，油气田企业现行科技投入管理制度仍存在以下问题：①各部门职责不够清晰。没有单独明确研发投入预算涉及的机构与职责，导致各预算责任主体不够明确；在预算考核中，未明确科技管理部门及其他部门在预算流程中的职责。②预算管理流程不够完善。《管理会计应用指引第200号——

预算管理》中规定企业实施预算管理的具体步骤为：预算编制、预算执行和预算考核。但在具体实施过程中，没有详细的考核指标与考核要求，预算考核不够全面，责任主体划分不够明确。

二、科技投入预算不健全不规范

当前，油气田企业的科技预算管理目的仍为降低成本，强调的是控制。在科技预算管理主体上，油气田企业主要由财务以及科技管理部门负责。预算管理体系不够健全和完善，缺乏预算评价。主要问题是：①油气田企业科技业务主管部门关注的是各级科研项目（研究类和推广应用类）经费管理，而其他相关的部门对研发预算管理重视不够。调查显示，尽管多数油气田企业都直接或间接拥有专业科研院所，但是与油气田企业生产的特点，特别是不同区域天然气资源勘探开发与生产经营的创新需求有机融合深度还不够，科技投入与研发投入预算的评价体系不够健全，缺乏必要的统一评价管理。②除项目经费外，油气田企业新技术推广应用投入具体预算较弱，企业部门之间的沟通较少，科技人员通常仅注重技术水平实现，不够重视研发项目预算管理。③研发预算管理信息化程度较低，缺乏畅通高效的科技信息化系统管理平台。

三、科技投入核算不统一不全面

（一）核算科目不够统一、成本数据统计不全

油气田企业成本核算重点关注天然气生产成本，研发费用不够重视。核算管理存在3个方面的问题：①目前没有形成通用的油气田企业研发费用会计报告，核算范围分配不规范。②按照目

前的财务核算方法，研发强度普遍存在偏低现象。这是因为油气田企业内部二级研发机构费用、各级项目经费及配套费用、新工艺新技术试验、信息化建设研发费、工程项目中研发费等方面核算不全、计量偏低。特别是购买油气工程技术服务和其他市场化技术服务合同中，没有明确条款反映科技创新推广应用市场行为，忽视研发活动和科技创新成果应用创效特点。③部分油气田企业对研发费用加计扣除政策理解程度不够，对于符合加计扣除优惠政策的研发费用没有单独归集，研发费用加计扣除认定不准确造成税收风险。

（二）未对项目进行全流程全成本核算管理

按照目前的财务管理方法，油气田企业科技投入强度存在普遍偏低现象，主要是因为现有的核算方法并没有对科技支出进行全成本核算，导致科研机构费用、各级项目经费及配套费用、新工艺新技术试验、信息化建设研发费、工程项目研发费等方面核算不全、计量偏低。

第四节　油气科技创新研发投入管理问题

一、传统科技成本核算导致研发成本不全面

（一）科技投入非全成本导致研发成本难以准确计量

按照油气田企业现行的科技投入管理办法，科技项目计划任务书为单元管理的方式带来科技投入没有全成本预算与核算的同时，也导致研发成本难以准确全面预算、核算与计量。此外，油气田企业现有财务管理制度下，科研人员工资总额固定核算，科

研人员的工资单独计入科研单位工资总额，进一步导致油气田企业研发投入计量偏低。

（二）现行工程项目研发费用"隐身"

在油气田企业工程承包中，工程承包活动中的研发项目依附于工程项目，一般由乙方（工程服务企业）主导实施，工程技术服务合同中无相关条款约定，未实行单独开票结算，甲方在收到乙方开具的钻井、试油等发票后，按照投资项目计划列入"地质勘探支出""油气开发支出""在建工程"等科目，不在"资本化研发支出"和"费用化研发支出"核算。因此，工程项目研发费被"隐身"在技术服务或工程服务的投资项目中，且无法统计或统计缺乏标准的问题，最终影响研发投入强度的高低。但实际上，这部分工程项目中的研发投入比例很大，且对于合同费用中的研发含量，其实甲方是有投入的，以工程项目合同方式掩盖了科技投入，甲方几乎无科技投入数据可提取，甲方研发投入没有被认可和统计，影响研发项目支出的完整性。

二、不同口径产生研发投入计量的差异

（一）研发投入计量存在问题

一是注重科技投入统计，忽视研发投入统计。根据国家文件，可以发现研发活动，而研发活动只是科技活动的一部分。我国早期以科技投入统计为主，油气田企业以前也没系统规范地统计过研发投入强度，因而，统计出现几个口径的数据在所难免。二是忽视了会计口径与统计口径研发投入的差异。会计核算执行权责发生制，统计核算执行收付实现制。会计口径包括内部支出和外部支出，统计口径只包括内部支出。会计口径包括资本化支出和

第二章 天然气科技创新管理会计建设中存在的问题

费用化支出，统计口径包括日常性支出和资产性支出。见表 2-1。

表 2-1 会计口径统计口径下支出的分类

项 目		会计核算	统计核算
会计核算	资本化支出	√	部分属于日常性支出
	费用化支出	√	部分属于日常性支出
统计核算	日常性支出	也可以资本化为无形资产	√
	资产性支出	固定资产或无形资产	√

（二）天然气生产经营特征引起的会计核算范围与统计核算范围差异

天然气资源的生产作业过程主要包括天然气的勘探、开发和生产（采油采气），而油气田企业的研发活动也伴随着勘探、开发和生产，分别由相应的科研单位进行。勘探、开发和生产的主要有相应的勘探开发和生产部门进行（表 2-2）。

表 2-2 油气田企业生产过程与研发过程

生产单位	自营或外包（工程承包合同商）			油气矿
生产过程	勘探		开发	生产
生产会计核算	费用化或资本化为固定资产或油气资产		资本化为固定资产或油气资产	油气生产成本
研发单位	二级科研机构进行科技活动			三级科研单位
研发会计核算	机构费用 管理费用	人员费用 管理费用	项目费用 研发支出 固定资产	全部费用 油气生产成本
研发统计核算	收付实现制下的研发支出			

这种差异主要体现在：①会计核算把勘探开发过程中工程项目合同中包含的研发费用计入勘探投资或开发投资，期末转入勘探费用或固定资产和油气资产，而未计入研发支出。②二级科研机构的机构费用和人员费用在会计核算中，计入管理费用，而未计入开发支出。③采油采气厂所属科研机构的研发费用在会计核算中，计入油气生产成本，也未计入研发支出。

可见，研发费用投入强度的统计不能完全直接从财务信息系统直接获得，必须在弄清楚上述种种差异之后，结合科研统计台账和辅助账，在科技专家鉴定的基础上对会计数据进行相应的调整。

三、现行科研机构费用并未统一归集

科研机构指油气田企业下设的独立的科研单位，科研机构费用是指无法计入科研项目支出的其他科研支出，例如：不参与研发活动的科研机构管理人员费用、科研机构的行政后勤部门发生的费用等。"费用化研发支出"科目核算用于科研方面的费用化支出，包括科研项目支出和科研机构费用。科研单位的发生的无法直接计入科研项目的各项支出，如"应付职工薪酬""累计折旧"等科目，计入"费用化研发支出–机构"，月末将"费用化研发支出"转入"本年利润–研发费用"。科研单位为开发新产品、新技术而购置的设备，按实际发生的支出，借记"资本化研发支出（科研设备）–项目"科目，贷记"银行存款"等科目；达到预定可使用状态时，借记"固定资产"，贷记"资本化研发支出"科目。厂矿科研机构发生的相关支出计入"油气生产成本"等科目。

第二章　天然气科技创新管理会计建设中存在的问题

四、研发投入与销售收入相关性不够

研发投入与销售收入相关性不够，造成研发强度低估。在研发强度计算中，油气田企业多数确定的油气产品销售收入，以年度营业收入为基数。因油气田企业销售方式存在多种类型，如以出厂价自产直销和自产转销、以购买气转销等，产品结构多样，如对外提供劳务收入、控股公司经营销售收入等。若以营业收入为计算基数，这就忽略了研发投入与销售收入密切相关性，与研发投入无关的销售收入增加，必然低估研发强度。

第五节　油气研发费用加计扣除问题

一、研发费用加计扣除比例偏低

根据油气田企业现行的科技投入管理办法规定，开发新技术、新产品、新工艺发生的研发费用，可以在计算应纳税所得额时加计扣除，直属科研单位应严格研发支出立项管理，完整归集科技支出金额，及时向税务机关申报加计扣除。在该暂行办法执行以来，整体科研投入与加计扣除金额差异较大，未能充分利用研发费加计扣除的税收优惠政策。

二、研发费用加计扣除制度不健全

在研发费用预算与核算方面采用手工操作，并没有启用FMIS系统中预设的加计扣除模块。并且在报表层面没有进行加计扣除的统计，无法看到研发费用加计扣除对利润的贡献。因此，油气

田企业自上而下的研发费用加计扣除制度不够健全,导致加计扣除比例较低,研发强度较低,不能充分地享受相关税收优惠政策。

由于油气田企业自上而下的研发费用加计扣除制度不健全,导致加计扣除比例较低,大多下属企业的研发费用加计扣除情况并不乐观,存在科研投入与加计扣除金额差异大的情况,无法真正享受税收优惠政策,影响企业科技创新的发展。

油气田企业在具体操作过程中,管理和执行两个层面也出现一些问题,从了解情况看,完全从企业角度解决存在的问题,可能难以做到,需要各项管理制度协同配套,如:科技投入管理办法、投资管理办法、预算管理办法、研发费用加计扣除办法等制度的完善,才能实现研发费用加计扣除的"应享尽享"目标。

三、加计政策执行情况不佳

2020年,国资委对中央企业研发支出进行专项检查,集中在两个方面:一是对企业研发支出、科技支出、研发经费的核算与统计制度规范,是否符合企业会计准则和国资委监管要求;二是检查重点子企业研发支出会计核算情况和相关指标统计。根据检查结果对照分析,大多数油气田企业符合研发费用项目条件的比例较低。"三新"项目鉴定标准在行业内操作没有规范,油气田企业顾虑比较多,担心稽查风险。对新知识、新产品、新工艺、新技术在上游各业务链如何界定比较难把握。从2020年开始,按照规定在项目立项时,对项目实施"三新"鉴定,财务核算在费用发生时根据工时等进行分摊。油气田企业承担国家和总部项目配套资金操作上存在差异,大多数油气田企业由于项目预算编制不完整,造成后期加计扣除项目申报困难,未参与加计扣除。资本化研发支出享用加计扣除政策的单位极少。

第六节　天然气科技创新成果经济效益评价问题

一、科技创新成果经济价值评估缺乏管理会计体系支持

《管理会计应用指引第 200 号——预算管理》中规定企业实施预算管理的具体步骤为：预算编制、预算执行和预算考核。其中预算执行一般分为预算控制、预算调整等程序，预算控制包括事前控制、事中控制以及事后控制。油气田企业对预算执行的规定仍需完善，科技成果转化创效的核算方法成为瓶颈。其中，较为核心的问题是，科研人员工资总额固定核算，科研人员的工资单独计入科研单位工资总额，科研项目并非全成本核算。

二、科技成果经济效益缺乏统一编制标准，数据可靠性待提升

随着国家对学术诚信要求的不断提高，对各级奖励、科技项目经济效益的真实性、合理性的重视程度急需加强，科技成果经济效益评估管理要求不断深化。一是各层面的科技奖励经济效益概念不够清晰，对于经济效益指标的内涵定义、计算公式、数据来源缺乏统一明确的定义，科研人员凭借经验测算编制，缺乏科学统一的计算标准及依据。二是经济效益数据复用问题突出，同一成果经济效益数据被其他成果项目多次复用，经济效益虚增、审计风险加大。

三、科技成果及财务信息未实现共享，数据采集分析难度较大

许多培育周期长的重大科技成果的效益评价，依赖于从研发项目投入到成果转化全过程的规范精益核算、项目与财务信息的协同共享，业财融通迫在眉睫。一是在信息技术支撑不足的情况下，科技项目、科研成果、合同管理、财务系统之间相互独立，研发与转化项目的映射缺乏系统控制，经济效益评价的信息采集为半手工方式，难以保证输入信息真实、完整。二是系统之间的数据孤岛加大了指标测算的难度，经济效益证明报告的生成依赖于各个系统之间的数据转换以及部分线下分析估算，缺乏业财一体的逻辑运算保证，科技成果经济效益评价的精准度有待提升。

四、科研人员线下报表编制耗时费力

支撑科技经济效益的佐证资料繁多，如投资类销售类项目合同或任务书、节支证明、应用证明、合作单位资料等，收集整理及统计计算工作量较大，所需数据资料缺乏信息系统支持，原始的人工审核、校验方式导致编制效率低下。财务专业背景的欠缺成为科研业务人员编制经济效益报告的短板，在缺乏统一标准与系统固化模型的前提下，经济效益报告的编制原则把握不够准确，编制质量与科研人员减负变成矛盾。

第三章

天然气科技创新管理会计体系构建

企业是科技创新的主体，国家对研发投入非常重视，先后出台了系列政策制度，国资委根据2019年末中央经济工作会议精神，从2020年起对中央企业经营业绩考核，新增研发经费投入强度等指标，推动中央企业加强自主研发和原始创新。这对天然气科技创新活动的开展，对研发投入、预算与核算、创新绩效评价等提出了更高要求，传统的财务会计已经难以满足科技创新的需要。基于此，推进天然气产业财务会计向管理会计转变，构建天然气科技创新管理会计体系，具有重要的现实意义。

第一节　体系结构设计

一、体系结构的设计思路

按照管理会计体系的理论、人才、信息化和咨询服务组成的"4+1"的有机发展模式和科技全面预算管理、科技成本管理、科技绩效管理以及科技管理会计报告四大组成结构，将科技创新管理会计的核心工作归纳为：加工分析获取的油气田企业内外部科技创新活动财务与非财务管理信息，参与制订油气田企业中长期与年度科技创新计划，编制油气田企业年度科研经费总预算与科研项目经费预算，协同建立健全油气田企业科技创新活动管理体制与机制，积极推动实施油气田企业科技创新战略。

充分利用油气财务共享中心资源，会计核算与管理会计适度分离。从建立油气田企业内部的财务共享中心入手，实现会计核算与管理会计的适度分离。通过共享中心的建设，将基层单位的主要会计核算职能剥离，纳入财务共享中心管理。油气田企业内部财务共享中心结合集中核算信息系统、网上集中报销系统、移动端报销与支付技术、ERP系统、勘探与开发数据系统等，用大数据技术，形成会计数据和信息的云仓库，为各管理层级提供有效的决策数据和信息支持。

跟踪管理油气田企业执行年度科研经费总预算与科研项目经费预算情况，做好年度科研经费总决算、科研项目经费决算，以及年度内完成的研发项目经费决算工作，做到有效控制研发经费不当支出，做到有效评价油气田企业年度科技创新活动投入与产出绩效，推动进一步优化油气田企业科技创新活动管理。

二、体系构建的原则

（一）坚持天然气科技创新业财融合为基础

1. 以天然气生产与经营业务科技活动链融合为主线

油气田企业生产经营的核心是根据能源市场需求，不断探索地下天然气资源，采用先进的开采工艺技术，将气藏中的可采储量开采出来，把投入资本转化为储量，成为可利用的商品气，并通过管道或其他方式输送到用户。处于天然气产业链上游的油气田企业所从事的天然气勘探开发业务是一个综合性、系统性的资源开采建设与生产过程，每一个作业流程都需要天然气生产与经营业务链科技活动融合。

油气田企业天然气科技投入对象主要是围绕天然气生产和管理业务链开展科技活动，其科技投入是指油气田企业开展相关科技活动的所有投入，包括资本性投入和费用性投入。科技投入主要用于科技项目实施、科研机构运行、科技基础条件建设与维护以及科技人才的培养。投入产出具有明确有效的因果关系。

油气田企业研发活动就是围绕天然气生产和管理业务链开展相关研发活动，包括基础研究、应用研究和试验发展3种类型。研发活动应当满足5个条件：新颖性、创造性、不确定性、系统性、可转移性（可复制性）。研发投入是指油气田企业为开展相关研发活动的所有投入，包括资本性投入和费用性投入，研发投入属于科技投入范畴。

2. 厘清科技创新价值实现与投入产出的复杂关系

油气田企业科技创新是通过技术推动或市场推动的开始于基础研究而最终在油气市场实现价值的过程，其最终目的是天然气勘探开发技术的规模化运用，即要求天然气科技创新成果在油气田企业中顺利实现转化应用，为企业取得科技创新价值，其价值主要由天然气勘探开发内外部科技创新成果转化应用效益、科技创新成果交易或转让过程中获得的效益等。

（二）坚持天然气科技成本结构为前提

1. 科技研发成本结构及其费用要素

科技研发成本即通常所说的研发费用。天然气研发费用是指获得天然气生产经营需要的新知识、开发新技术、新产品、新工艺和现场试验以及对前瞻性理论技术及工艺储备进行研究等发生的用于科研方面的全部支出,包括科研项目支出和科研机构费用。

2. 科技研发支出资本化与费用化

油气田企业财务管理部门在对科研项目全成本费用支出进行资本化、费用化区分时,需要严格按照《企业会计准则第6号——无形资产》和油气田企业的《会计核算操作手册》(简称《会计手册》)对研发费用进行资本化、费用化的判定与会计处理。针对油气田企业研究开发项目的支出,应当区分研究阶段支出与开发阶段支出。其中,研究是指为获取并理解新的科学或技术知识而进行的独创性的有计划调查;开发是指在进行商业性生产或使用前,将研究成果或其他知识应用于某项计划或设计,以生产出新的或具有实质性改进的材料、装置、产品等。具体界定见表3-1。

表3-1 研发阶段的界定

阶段	定义	特征	相关活动举例
研究阶段	为获取新的科学或技术知识并理解它们而进行的独创性的有计划调查	研究阶段是探索性的,为进一步开发活动进行资料及相关方面的准备,已进行的研究活动是否会转入开发、开发后是否会形成无形资产等均具有较大不确定性	意在获取知识而进行的活动,研究成果或其他知识的应用研究、评价和最终选择,材料、设备、产品、工序系统或服务替代品的研究,新的或经改进的材料、设备、产品、工序系统或服务的可能替代品的配置、设计、评价和最终选择等
开发阶段	在进行商业生产或使用前,将研究成果或其他知识应用于某项计划或设计,以生产出新的或具有实质性改进的材料、装置、产品等	已完成研究阶段的工作,在很大程度上具备了形成一项新产品或新技术的基本条件	生产前或使用前的原型和模型的设计、建造和测试;不具有商业性生产经济规模的试生产设施的设计、建造和运营等

(三)坚持解决科技创新管理会计建设问题为导向

调研分析表明,油气田企业科技创新管理会计体系建设存在诸多问题。一是管理会计理念、组织制度建设存在多方面的问题。如管理会计意识薄弱、对管理会计体系构建的认识不足、管理会计人员专业素质较低、管理会计人才匮乏、管理会计体系不够健全和制度不健全等。二是科技成本管理存在诸多问题。如科技活动与研发活动边界不清晰、科技投入的预算与核算不准确、工程承包服务中几乎无科技投入与研发费、加计扣除政策执行不佳、科技投入预算管理职责较弱和流程不够完善、科技创新成果经济价值评估缺乏科技项目全成本数据支持等。三是科技创新成果经济效益评价缺乏管理会计支持。如科技创新成果经济效益评估缺乏评估模型、科技创新成果的财务信息数据采集分析难度较大也未实现共享、科研人员线下经济效益评估报表编制耗时费力等。

三、体系结构

如前文所述,天然气科技创新管理会计是针对油气田企业科技与天然气生产和经营活动,通过特定的方法收集、分析数据,为油气田企业管理人员提供有用的创新驱动发展决策信息,以促进油气田企业科技创新预测、决策、控制、报告与考核等职能的发挥。因此,构建天然气科技创新管理会计体系必要立足自身油气田企业科技战略目标和实际情况,并引入科技价值管理观念,采用现代化企业管理方法和理念,如:全面预算管理、财务风险控制、成本管控、作业成本法、平衡计分卡、精益化管理等,进一步完善企业的预算、成本、资金、业绩、风险管理,从而提高油气田企业的科技整体组织管理能力。油气田企业科技创新管理会计体系的构建不是一蹴而就的，而是一个长期、复杂、系统的工程，离不开国家宏观政策的引导，需结合社会经济发展需求和油气田企业自身战略目标实际，不断通过实践检验并进一步运用于实践，才能保障油气田企业科技创新管理会计体系的完善。构建天然气科技创新管理会计体系涉及诸多内容，为了保障管理会计体系建设工作的顺利开展，必须要遵循一定的原则，包括：立足油气行情，借鉴国内外管理会计和科技创新发展经验；管理会计人才带动，油气田企业整体推进；创新发展机制，业财协调发展；因企制宜，分类指导等。

天然气科技创新活动与财务活动协同的业财融合的前提，要以解决科技创新管理会计建设问题为导向，依据国家关于加强科技创新、推进管理会计体系建设、加强研发投入考核等政策制度要求，构建天然气科技创新管理会计体系结构（如图3-1所示），为推进财务会计向管理会计转变、促进天然气科技创新管理会计体系建设与长远发展提供依据，为强化天然气产业研发投入管理促进科技创新驱动产业高质量发展提供参考。

天然气科技创新管理会计体系是一个综合系统，由科技创新发展预测系统、科技创新投资决策系统、科技创新完全成本控制系统、科技创新全面绩效评价系统、科技创新管理会计报告系统等5个系统构成。其中，科技创新发展预测系统包含科技创新业财融合发展系统和油气田企业科技创新预测与控制系统，科技创新投资决策系统包含管理会计人才队伍体系和管理会计理论方法与工具体系，科技创新完全成本控制系统包含科技创新完全成本管理体系和科技创新成本责任会计体系，科技创新全面绩效评价系统包含科技创新全面绩效评价体系和科技创新绩效考核管理体

第三章 天然气科技创新管理会计体系构建

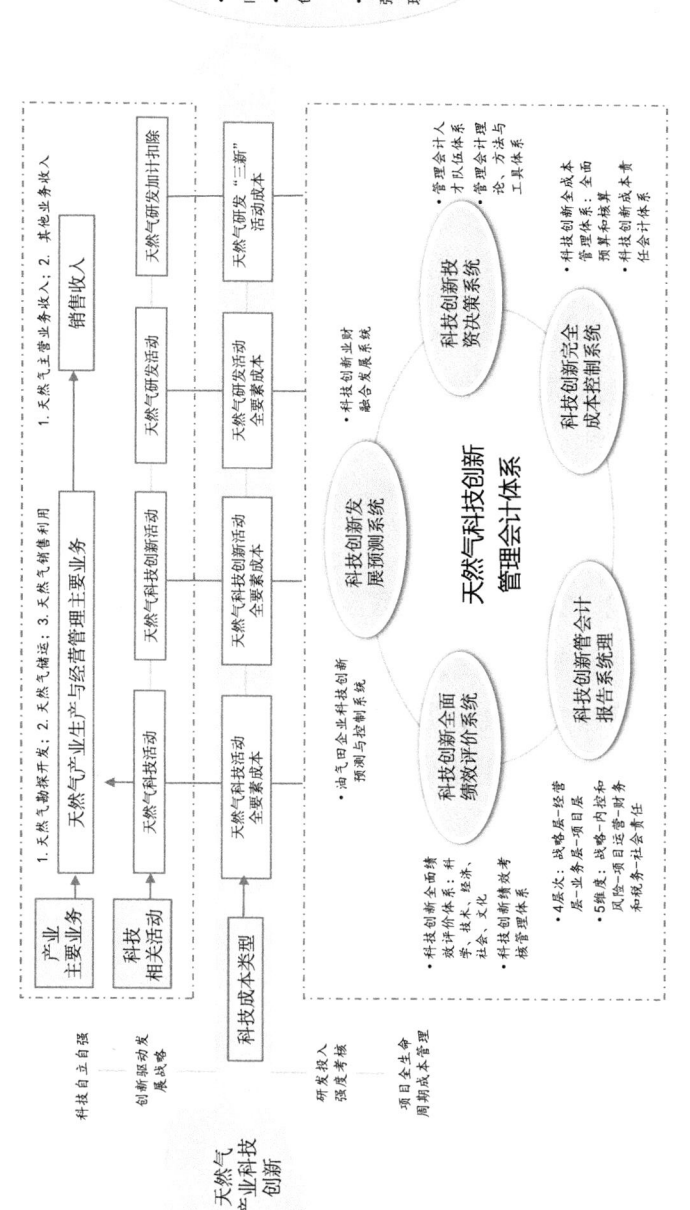

图3-1 天然气科技创新管理会计体系结构图

系，科技创新管理会计报告系统包含科技创新管理会计报告 5 维度和科技创新管理会计报告 4 层次。

第二节 体系结构内容描述

一、天然气科技创新发展预测系统

油气田企业深受市场环境的影响，面对日趋复杂的市场环境，必须重视对能源市场、科技创新和财务管理创新等发展态势的预测，结合以往数据资料和能源市场经济环境，采用科学预测手段进行全面准确预测，为油气田企业科技创新战略目标制定、科技创新投入预算编制等提供可靠理论依据。天然气科技创新发展预测系统包含两个核心子系统。

（一）科技创新业财融合发展系统

油气田企业管理会计创新是以业财融合为基础实现的，有效的业财融合将管理精细化，加强了预算的管控效果，提升了财务工作的效率，为更好地实施业绩管理奠定了基础。业财融合是科技创新管理会计的核心，渗透生产经营与科技创新全过程。油气田企业通过打造科技业务财务融合的系统，将财务管理渗透到科技创新业务领域。

财务要向油气科技业务纵向延伸，提高科技业务和财务的高度融合。油气田企业通过科技业财融合，推动会计核算网络化、自动化，实现科技业务推送数据、科技投入核算自动化、科技资源资产一体化管理、科技项目"互联网+模块化"管理、科技资产全生命周期管理，将财务职能通过流程和系统渗透到科技业务管理领域，在规范中支撑科技业务发展，在服务中强化科技价值管理。

（二）油气田企业科技创新预测与控制系统

在新形势下，推动油气田企业稳定发展离不开内部控制的支持，结合《企业内部控制基本规范》建立健全内部控制体系，加强对企业内部的监督与约束，实现责权利结合，有利于提高油气田企业的经营效率和质量，并结合实际选择权观念打造出新的经济评价模型，促进油气田企业科技投资决策发展，提高科技创新决策准确性与科学性。

标准化的油气业务流程和规范的数据标准是推动油气田企业业财融合的重要基础。管理会计的核心工作是决策，是对数据信息的分析和掌握，是对油气田企业资源的掌控，是为油气田企业应对市场提供决策基础的重要条件。科技创新管理会计要为油气田企业各项决策提供相关资料信息，无论是短期科技项目决策、研发决策还是长期科技投资决策等，都离不开引入大数据等信息技术能有效提高管理会计的应用效果。按照自上而下实行全油气田企业一套制度、一个流程、业务财务一体化的总体思路，构建具有共享、开放、互联等数字化特点的全油气田企业一级架构信息系统支撑平台。

二、天然气科技创新投资决策系统

（一）管理会计人才队伍体系

企业建立健全的管理会计体系，前提是相关工作人员应拥有较高的管理会计意识。因此，提高企业相关人员的管理会计意识就显得尤为重要。首先，企业的高层管理人员应重视管理会计对于提高企业财务管理水平的重要性，对于促进企业整体发展的重要性。其次，企业高层人员也应积极组织下级相关员工学习管理会计相关的知识和技能，以上级带动下级的形式，提高企业全体员工对管理会计的认识程度。

与财务会计相比，管理会计对员工的要求更高，需要有更专业的会计知识和技能，也需要有一定的管理知识和技能。建立健全的管理会计体系，应从人出发、以人为基础。同时，企业人力资源部门还应定期组织员工进行培训和考核，对于考核不合格的员工实行再培训，最大限度地提高管理会计从业人员的专业素养和职业道德素养。

（二）管理会计理论、方法与工具体系

除推进管理会计理论体系和管理会计指引体系建设外，管理会计随着社会经济的发展而发展，管理会计工具也应随着社会经济环境变化而不断创新。油气田企业应考虑在网络价值流的战略管理决策层构建的基础上，进行战略管理会计方法的选择：如价值链分析法、战略成本动因分析法、SWOT分析法、竞争对手分析法、标准成本法、全面预算管理、客户盈利能力分析、企业管理会计报告、全价值链成本管理、EVA提升、经营预测、投资决策、平衡计分卡、作业成本法。

三、天然气科技创新完全成本控制系统

（一）科技创新完全成本管理体系

通过对科技创新完全成本的核算、分析、决策、控制等能有效降低油气田企业的科技成本支出，科学规范科技资金管理体系，从而获得更大的经济效益，促进油气田企业科技创新战略目标的

实现。在构建成本管理系统时，以作业成本法为基础，不仅能弥补传统成本管理中的缺陷，加强油气田企业科技成本管控，为科技创新财务、预算和绩效评价等提供全面、真实、可靠的信息资料，还能明确油气田企业科技创新价值驱动因素，提高油气田企业经济效益。

（二）科技创新成本责任会计体系

针对油气田企业科技创新完全成本责任组织构建规划、控制、考核、评价等较为完善系统的会计制度，从而明确经济责任原则、责任归属、责任指标等，进行动态跟踪、监督、管理，全面真实地对油气田企业的科技创新责任经济效益进行评价

四、天然气科技创新全面绩效评价系统

（一）科技创新全面绩效评价体系

油气田企业采用先进的管理理念和方法都是为了追求更大的价值和利润，为了检验油气田企业的生产、经营和科技创新绩效，需要通过绩效评价系统来对企业财务、业绩等各项经济活动进行综合考量，有利于及时、准确发现油气田企业生产管理中存在的问题与不足，并提出行之有效的改进策略，或是通过奖惩措施达到激励的作用，获得更大的经济和社会效益。

建立以科技创新质量、贡献、绩效为导向的分类评价体系，正确评价科技创新成果的科学价值、技术价值、经济价值、社会价值、文化价值。科学价值、技术价值通常用技术创新程度、技术先进程度、技术成熟程度等指标衡量，可由发表的论文、著作、专利、标准等作为载体进行佐证和评判；社会价值、文化价值通常包含安全、环保、生态、健康等专篇规范要求。一般采用评分、

评级、计量等定量评估方法和文字定性描述。经济价值是科技成果实际贡献的具体表现，需要明确财务数据的支持和评判，需要正确合理的计算方法、模型和参数。

依据科技部《科技成果评价试点暂行办法》，油气田企业特点和科技成果评价体系结构，探讨油气科技创新成果综合评价体系构成，包括多元化的油气科技成果评价组织体系、规范化的油气科技成果评价操作体系、智能化的油气科技成果评价决策支持体系、制度化的油气科技成果评价保障体系等方面。建立健全的科技评价组织机构，明确相应的科技绩效评价考核标准，建立配套考核体系。油气田企业科技创新管理会计体系建设，应包含以科技资本增值为目标，以油气田企业可持续发展为前提，以科技创新价值创造为核心的薪酬考核体系。

（二）科技创新绩效考核管理体系

在管理会计工具全面应用的时候，油气田企业还应该建立绩效考核管理体系，包括：科技成果评价质量监管、评价成果的推广应用、科技成果评价工作考核与激励、科技评价智库管理等，并通过科技创新指标评价完成有效成本控制。

根据科技创新绩效考核得分以及油气田企业各分公司之间的内部排名情况，决定科技绩效考核结果。通过将油气田企业年度科技绩效考核结果与油气田企业领导班子年度绩效薪酬挂钩，充分发挥绩效考核的"指挥棒"作用。同时，将科技绩效考核结果作为干部任免提拔的重要量化评价参考依据。通过加大年度绩效考核在油气田企业工资总额增量中的挂钩比例，统一油气田企业价值导向，进一步强化科技绩效导向的分配机制。

五、天然气科技创新管理会计报告系统

油气科技创新管理会计体系的搭建一般是从管理会计报表的构建开始的。这种管理会计报表会为企业带来完善的收入、成本、质量、运营、资金占用等方面的数据，用于后期的管理。相对于传统财务会计报表而言，管理会计报表并不具备法律强制性，也就是说其结构可以按照企业的实际需求而定。这就导致管理会计报表并不存在统一的范本，不同的企业会有不同的实践方式。

（一）科技创新管理会计报告 5 维度

基于科技价值链视角下，油气田企业科技创新管理会计报告体系的构成，可以从五个维度入手，即公司科技战略、科技内控和风险、科技项目运营、科技财务和税务、科技社会责任等，通过科技战略管理、科技投融资管理、科技成本管理、科技投入预算管理、科技社会责任履行及油气田企业科技绩效管理对公司管理会计活动进行重新划分，对其进行编报后形成相应的科技创新管理会计报告。

（二）科技创新管理会计报告 4 层次

①科技战略层管理会计报告是为满足公司科技创新战略规划、制定、执行、评价以及其他管理活动提供相关信息的对内报告，报告对象是公司领导的战略层；②科技经营层管理会计报告主要是为科技经营层进行规划、决策、控制和评价等管理活动提供相关信息的对内报告，其报告对象是公司负责科技经营的管理层及其分管部门；③科技业务层管理会计报告主要为公司开展日常科技业务或科技作业活动提供相关信息，其报告的报告对象是公司的直属院所、厂矿科技推广应用部门等；④科技项目层管理会计

报告主要针对重大科技项目或科技专项项目,如新科技项目专题报告、科技成本报告、科技资金预算报告等,相应报告人分别为科技项目经理或组长、科技财务部负责人。

第四章

天然气科技投入预算与核算体系优化

近年国家大力提倡多方位、各行业全面建设科技创新体系，天然气作为一种重要的可再生清洁能源，在能源界有着极为重要的地位，但我国大多数天然气开采技术等均来源于国外的技术购买，成本较高，不利于企业的成本控制与核心竞争力提高，甚至影响国家相关科学技术的发展。因此国家高度重视企业的科技研发投入，采用各种方式推动企业的科技创新驱动发展：2015 年国家税务总局发布了关于企业研究开发费用税前加计扣除政策有关问题的公告；国资委从 2020 年起将研发经费投入强度等指标纳入中央企业经营业绩考核中。在国外科研项目的预算与核算中，较早地运用了全成本模式，且该模式已趋于成熟，在天然气科技投入预算与核算中优化中，可以借鉴国外先进且较为成熟的全成本管理方法作为支撑，汲取发达国家的科研管理先进做法，学习我国在全成本方面运用较优企业的经验，建立与优化天然气科技创新全成本预算与核算体系。从油气田企业科技投入的内涵和分类来看，天然气科技投入分散于整个天然气产业上中下游全部业务链条，包括在全部生产和管理流程当中，天然气科技投入核算也应当围绕天然气生产和管理业务链条进行归集与核算。因此，对于科技投入的核算归集处理,按照机构费用、项目费用为主进行预算与核算,形成天然气科技投入预算与核算体系优化结构。

第一节　科技投入预算体系优化

一、科技投入预算的思路与政策依据

财政部《管理会计应用指引第 200 号》指出,预算管理是企业以战略目标为导向,通过对未来一定期间内的经营活动和相应的财务结果进行全面预测和筹划,科学、合理配置企业各项财务和非财务资源,并对执行过程进行监督和分析,对执行结果进行评价和反馈,指导经营活动的改善和调整,进而推动实现企业战略目标的管理活动。

油气田企业采用预算的方式来优化资源配置,加强对科技成本支出的管控,并通过严格的预算编制执行,达到提高油气田企业科技资源使用效益的目的,获得更大的经济利润。全面预算也是管理会计的重要组成部分,集系统性、战略性、人本性为一体。油气田企业在构建全面科技投入预算管理体系时,以油气田企业自身科技创新实际状况为出发点进行系统模块设置,并随着油气田企业的发展变化进行调整完善,通过事前预测控制、事中动态调控和事后反馈控制等环节为油气田企业科技发展提供保障。

二、科技投入预算模块的优化

(一)科研机构费用

油气田企业科技机构(直属科研机构、下属企业科研机构、

其他主要围绕科研以及相应的科技管理、科技服务等机构）费用，包括基本运行费、折旧、人员费用（包括各种科技奖励）等。

科研机构费用是指无法直接计入科研项目支出的其他研发费用。科研机构包括油气田企业直属科研机构、厂矿所属科研机构等。科研机构费用包括人员人工费用、基本运行费、折旧费用。其中，基本运行费用是指在项目研究开发过程中科研机构所支出的差旅费、会议费、招待费、办公费、咨询费和其他管理费用等。

（二）科研项目支出

1. 费用类科技项目投入

费用类包括油气田企业科研项目、总部费用预算科研项目（重大科技专项、重大现场试验、重大推广项目、常规项目）、政府拨款科技项目等。

2. 投资类科技项目投入

投资类包括非建设类前期项目，如勘探开发部署、目标论证、方案及评价等前期项目，也包括信息化建设中联合或自主软件开发和系统集成项目等。

科研项目支出是指科研项目的全成本支出，包括以下10项：

①直接材料直接动力，包括研发活动直接消耗的材料、燃料和动力费用。

②人工成本，指研发人员的工资、奖金、津贴、补贴、社会保险、住房公积金、补充保险等人工费用以及外聘研发人员的劳务费用。项目研发人员指从事项目研发活动的企业在职和外聘的研究人员、技术人员、辅助人员。

③固定资产折旧及维护维修费，指用于研发活动的仪器、设

备、房屋等固定资产折旧费用或租赁费以及相关固定资产的运行维护、维修等费用。固定资产折旧包括允许的加速折旧。

④无形资产摊销费，指用于研发活动的软件、专利权、非专利技术（包括许可证、专有技术、设计和计算方法等）等无形资产的摊销费用（含符合条件的加速摊销）和长期待摊费用的摊销费用，但不包括商标权、著作权、土地使用权、商誉等摊销。加速摊销是指用于研发活动的无形资产选择缩短摊销年限的，在年末所得税汇算清缴时进行纳税调整，并做好备查记录，加速摊销部分也能加计扣除。

⑤试验检验费，指用于中间试验和产品试制的模具、工艺装备开发及制造费，设备调整及检验费，样品、样机及一般测试手段购置费，试制产品的检验费。

⑥研发成果形成费，指研发成果的论证、评审、验收、评估以及知识产权的申请费、注册费、代理费等费用。

⑦与研发项目直接相关的其他费用，包括新产品设计费、新工艺规程制定费、技术图书资料费、资料翻译、会议费、差旅费、办公费、外事费、研发人员培训费、培养费、专家咨询费、高新科技研发保险费用和调研费。

⑧委托研发费，指与其他单位签订技术开发合同，委托其他单位进行研发而支出的委托研发费。

⑨技术服务费，指与其他单位签订技术服务合同，接受其他单位提供的技术服务而支出的技术服务费。

⑩其他直接费用，指是承担项目任务的单位在组织实施项目过程中发生的除已列支费用外的相关费用。如：补充养老保险费、补充医疗保险费、财务费用、勘探费用，管理性支出中的差旅费、

会议费、办公费、招待费、其他管理费用。注意事项：不能列支项目实施前发生的各项经费支出、奖励及不可预见费；不能与前述科目内容重复；支出内容要与项目任务密切相关。

第二节　科技投入核算体系优化

一、科研项目投入经费核算

油气田企业科研项目主要包括费用类科研项目和投资类科研项目。

（一）费用类科研项目核算

对油气田企业而言，费用类科研项目通常包括集团公司预算项目（重大科技专项、重大现场试验、重大推广项目、常规项目）、公司级项目、矿控科研项目、财务专项。

（二）投资类科研项目核算

投资类科研项目包括：①国家、集团公司、油气田企业等各级科研项目的费用。②支撑工程技术和生产管理的科研项目。信息化建设项目中，仅联合或自主软件开发和系统集成发生的费用，才可计入科技投入。

二、科研机构投入费用核算

（一）科技投入核算思路

坚持相关性、谨慎性原则，根据科技活动属性，支撑科技活动的机构包括3方面：①油气田企业直属院所和矿厂属研究机构，包含科技平台，如试验基地、实验室、院士工作站、博士后工作站等；②油气田企业建立的特色研发与技术中心；③科研服务机构，如科技管理部门、技术咨询中心、勘探数据中心等。

（二）科技机构费用核算

科技机构费用包括基本运行费、折旧费、人员费用等。其中，公司各级科技进步奖、基础研究奖、发明奖等奖励费用作为奖励给取得重大创新性成果的相关人员的奖金，按照《研发投入统计规范》，应作为人员费用纳入科技费用。

三、工程项目科技投入核算

工程造价定额中规定工程直接费用的一定比例作为科技进步发展费，但工程合同费用中的科技或研发投入，并没有被认可和统计。实际上，工程项目中的科技投入和研发投入比例很大，长期以来被"隐身"在技术服务或工程服务的投资中，这导致油气田企业（甲方）没有在工程项目中提取科技活动信息、合同信息和财务信息的依据，目前无法对工程项目中的科技投入进行核算。

第三节 科技投入强度计算模型优化与应用

一、科技投入强度计算模型与流程优化

（一）主营业务与其他业务收入确定

依据销售收入的界定，销售收入包括产品收入和技术服务收入。技术性收入包括技术转让收入、技术承包收入、技术服务收入和接受委托科研收入。其中，销售收入不含技术转让收入、技

术承包收入和接受委托科研收入。对于企业主营业务收入的确认，按下面的公式进行核算：

$$主营业务收入 = 销售收入 + 技术转让收入 + 技术承包收入 + 接受委托科研收入$$

1. 主营业务收入量价确认

在油气田企业现有的会计体系下，"主营业务收入"科目核算企业经营主要业务（原油、凝析油、天然气、CNG、页岩气、管输等）所取得的收入。一般情况下，用于计算天然气科技投入强度的"主营业务收入"来源于油气田企业年度损益表中的"营业收入"附注中的"主营业务收入"。但该数据包含了与天然气科研活动不直接相关的收入，例如外购油气资源、直接卖出等情况。从而出现了"主营业务收入"数据不符合实际天然气科技投入强度的计算情况，从而导致天然气科技投入强度计算偏低。因此，油气田企业在计量科技投入强度分母时，需要厘清天然气科研活动带来的收入和效益，将与天然气科研活动无关的收入予以剔除，保证主营业务收入计算的科学性和相关性，使油气田企业科技投入强度计算更为准确。油气田企业年度损益表中的"营业收入"附注中的"主营业务收入"包括4个方面，如图4-1所示。

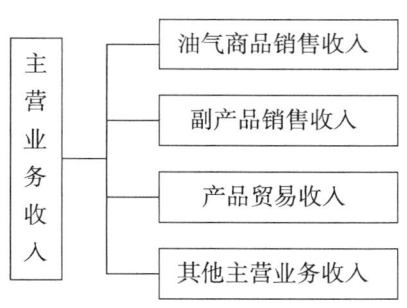

图4-1 天然气主营业务收入类型

为了正确计算油气田企业科技投入强度，并与天然气科技投入相匹配，在统计主营业务收入数据时，不应统计产品贸易收入，即外购天然气再外销这类与企业科技投入活动无关的收入。应纳入主营业务收入计量的是：与油气田企业科技投入相关的油气产品销售收入，副产品销售收入和其他主营业务收入。

2. 其他业务收入量价确认

其他业务收入是指各类油气田企业主营业务以外的其他业务所取得的收入。一般情况下，其他业务活动的收入在油气田企业的营业收入中所占比例较低。在《会计手册》中，"其他业务收入"科目核算除主营业务收入以外的其他销售或其他业务取得的收入，如材料销售、代购代销、包装物出租等收入。确认其他业务收入的原则，与确认主营业务收入的原则相同。

油气田企业年度损益表中"营业收入"附注中的"其他业务收入"包括油气田企业经营的代输天然气、硫黄、液化气、其他化工产品等，如储气库注采气业务收入。

（二）科技投入数据统计口径

油气田企业科技投入对象主要是围绕天然气业务全链条的科技活动，包括生产和管理流程，根据油气田企业科技活动的内涵和概念，对于天然气科技投入的核算归集处理，数据源于油气田企业的各类财务报表和科技项目计划大表等。基于科技创新管理会计的视角，建议采用优化后的天然气科技投入预算与核算体系结构，归集核算油气田企业科技投入情况，形成天然气科技投入数据结构与总量。

二、应用：某油气田企业"十三五"科技投入强度测算

（一）科技投入总体情况

该油气田企业科技投入是围绕油气产运储销生产与管理业务开展的研发、研发成果应用、科技服务等活动所发生的投入。由于该油气田企业的科技投入分散于整个油气生产和管理业务链条，因而应围绕该油气田企业的生产和管理业务链条进行科技投入归集和核算。

该油气田企业科技投入包括科研机构投入和科技项目投入。其中，科研机构投入包括该油气田企业所属研究机构、特色研发与技术中心、科研服务机构，科研项目投入包括费用类科研项目和投资类科研项目。

"十三五"期间，该油气田企业科技投入总量整理分析发现，项目费用占32%，机构费用占68%，年均科技投入强度4.76%，如图4-2所示。

图4-2 科技投入经费结构趋势图

（二）科技项目投入

"十三五"期间，该油气田企业科技项目总经费中，投资类科

技项目占 43%，费用类科技项目占 57%，如图 4-3 所示。

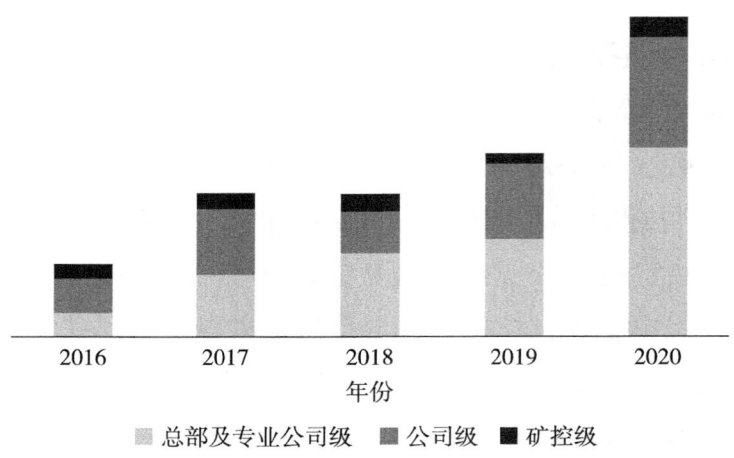

图4-3　费用类科技项目投入结构趋势图

为了体现该油气田企业技术创新和管理创新协同驱动水平，按照科技项目主体服务对象，划分为天然气应用技术类科技项目和管理类（包括生产技术管理和经营管理）科技项目。天然气应用技术类占 83%，管理类占 17%（其中生产技术管理占 87%，经营管理占 13%），如图 4-4 所示。

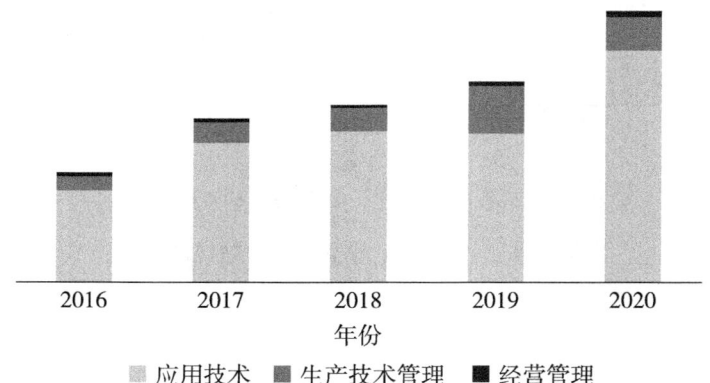

图4-4　天然气应用技术类科技和管理科技项目投入结构趋势图

（三）科技机构投入

该油气田企业科技机构费用总量中，直属院所占69.1%，矿属科研机构占21.2%，协同创新联合体占9.2%，科技奖励占0.5%。其中，直属院所机构投入，人员费占61%，折旧占18%，基本运行费占21%，如图4-5所示。

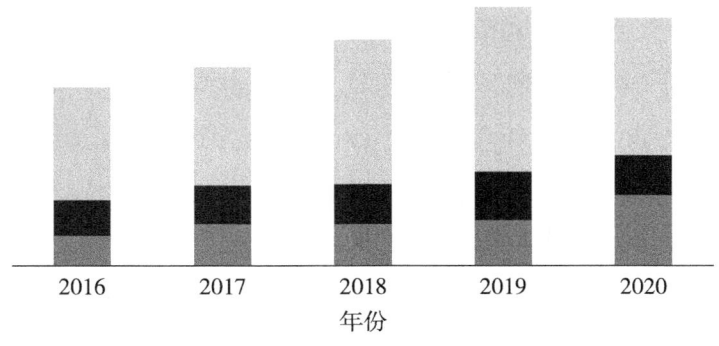

图4-5　直属院所机构费用结构趋势图

该油气田企业矿属科研机构投入总量中，人员费占67%，折旧占8%，基本运行费占25%，如图4-6所示。

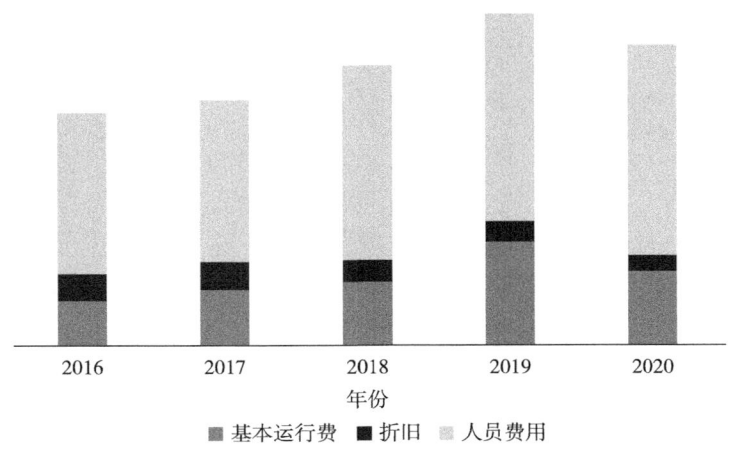

图4-6　矿属科研机构费用结构趋势图

(四)科技投入强度

"十三五"科技投入强度

根据公式:

科技投入强度 = 年度科技投入 / 年度销售收入

"十三五"期间,该油气田企业科技投入强度趋势如图 4-7 所示,年均科技投入强度接近 5%。其中,年度销售收入是指与科技活动密切相关的销售收入(不包括外购气销售收入等),呈前高后低分布,这是由于受年度科技投入和年度销售收入双重影响,尽管科技投入、销售收入总量均逐年递增,但 2018 年后科技投入增速小于销售收入增速,科技投入强度下降。

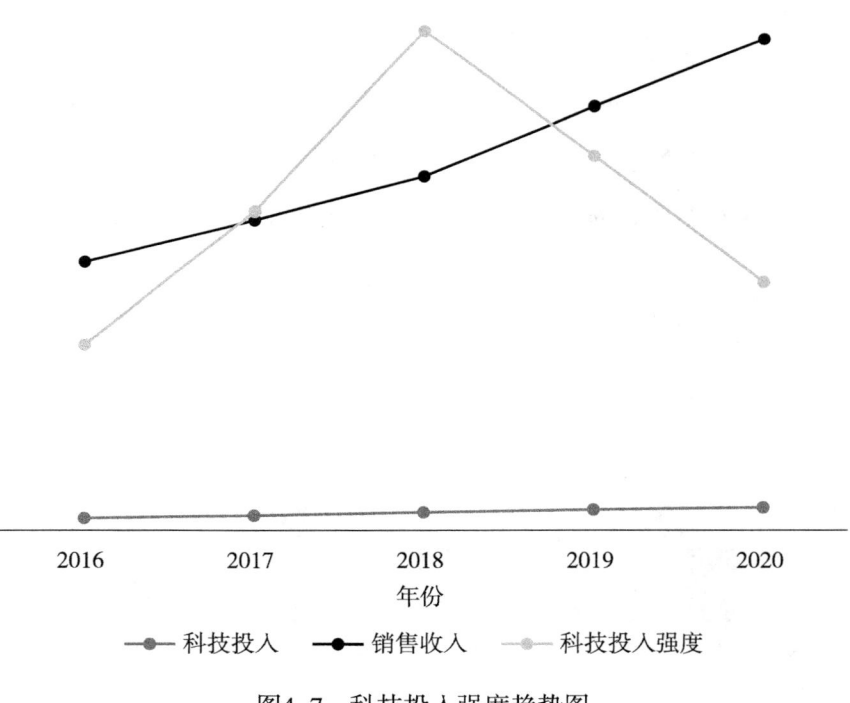

图 4-7 科技投入强度趋势图

第五章

天然气研发投入预算与核算体系优化

第一节 研发投入预算与核算科目优化

一、依据国际通用准则——研发成本的构成

遵照《研发投入统计规范》，密切结合油气田企业实际，做好研发投入统计工作，采集研发投入和销售收入数据必须真实，有据可查。

依据国际通用准则——研发成本的构成部分，研发成本应当包括所有直接归结于研究与开发行为的成本，或是能够合理地分摊在研发行为上的成本。明确各科研项目的研发属性，对其进行全口径的预算与核算，具体分为研发的直接投入、人工成本、折旧摊销费用、委托研发费用、其他间接费用。因此，以研发项目为载体来统计，把所有与研发项目相关联的费用全成本归集到研发项目中去，即对研发项目进行全成本预算和核算，将机构费用中的人员费用、折旧费用、运行费按照既定的原则进行归集和分摊到研发项目中去。

目前我国油气田企业成本核算、预算管理、投资管理等系统不能直接找到完整的研发成本数据。基于管理会计视角创新科技投入管理更符合油气田企业发展态势，随着科技投入管理创新深化，借用"两化融合"平台，建立管理会计信息系统，定期生成研发投入管理会计报表，将会逐步增强数据的准确性和完整性。同时，提升科技投入管理创新水平。财务归集的研发费用支出主要在两个方面：一是科研业务支出：指为开发新技术、新产品、新工艺和现场试验以及对前瞻性理论技术及工艺储备进行研究等发生的用于科研方面的全部支出，包括科研机构费用和科研项目支出。二是科研机构：指为开发新技术、新产品、新工艺等活动而设立的机构。包括集团或股份公司、地区公司所属科研院所。

由于有油气田企业目前采用科技项目经费补贴制（即直接经费），研究机构费用采用年度预算制，基于研发全成本视角，公司研发投入结构包括研发项目经费（直接费用、研发项目的机构费用分摊、研发项目配套费、委托研发项目费用、其他间接费用）、开放式研发体系费用。因此，以研发项目为载体来统计，把所有与研发项目相关联的费用全成本归集到研发项目中去，这样处理更有依据。对于研发项目的核算思路和原则就是以研发项目全成本进行预算和核算。以研发项目全成本预算和核算思路，统计每个研发项目人员配置和薪酬系数分摊，折旧及相关费用分摊等。机构费用中的人员费用、折旧费用、运行费按照既定的原则进行归集和分摊，做到归类有原则、分摊有依据，重新构建研发项目的成本体系，从而增加研发费用加计扣除的基数。

二、研发预算与核算科目设计

（一）研发投入预算科目设置

根据研发投入会计科目相关要求，企业在研发过程中发生的各项支出，应通过"研发支出"科目核算，并区分"费用化研发支出"和"资本化研发支出"进行明细核算。研究阶段的支出全部费用化，计入当期损益。开发阶段的支出符合资本化条件的，才能确认为资产；不符合资本化条件的计入当期损益。无法区分研究阶段支出和开发阶段支出，应当将其所发生的研发支出全部费用化，计入费用化研发支出。月末，应将"费用化研发支出"科目余额结转到"本年利润——研发费用"科目，结转后本科目无余额。

资本化研发支出核算购置的科研设备支出和开发阶段符合资本化条件的支出。研究开发项目达到预定可使用状态形成无形资产、固定资产、油气资产的，应将资本化研发支出科目的余额，结转到"无形资产""固定资产""油气资产"等科目，从资本化研发支出转出形成的无形资产、固定资产、油气资产等，应当在资产系统或备查账簿中标识为科研资产。如果开发阶段最终没有形成无形资产等的，应当先将资本化研发支出有关发生额以红字冲销，同时转入"费用化研发支出"科目，再结转到"本年利润——研发费用"科目。为满足研发费用归集、核算、统计的需要，企业应在"费用化支出"和"资本化支出"二级科目下进一步设置明细科目，并设置研发项目辅助账，按研发项目和费用种类进行明细核算。依据《国家税务总局关于企业研究开发费用税前加计扣除政策有关问题的公告》（简称《公告》）中研发支出辅助账，设计天然气科技研发成本预算、核算科目设置见表5-1。

表 5-1　天然气科技创新研发成本预算与核算科目设置建议表

一级科目	二级科目	三级科目	四级科目	五级科目	核算项目
研发支出	资本化研发支出——××项目；费用化研发支出——××项目	员工费用	工资薪金		研发项目名称及对应编号
			奖金补贴		
			社保		
			住房公积金		
			福利费		
			劳务费		
			其他		
			……		
		直接投入	材料	原料	
				主要材料	
				辅助材料	
				……	
			燃料动力费	燃料	
				动力	
			测试手段购置费		
			模具工装制造费		
			试制产品检验费		
			仪器设备维护费		
			其他		
			……		
		折旧费	设备折旧费		
			房屋折旧费		
		摊销费	无形资产摊销		
			长期待摊费用		
		信息化建设研发费	软件购置费		
			信息系统维护费		

续表

一级科目	二级科目	三级科目	四级科目	五级科目	核算项目
研发支出	资本化研发支出——××项目；费用化研发支出——××项目	其他外包劳务支出	现场试验费		研发项目名称及对应编号
			井下作业费		
			测井试井费		
			其他		
			……		
		委托研发支出	委托境内单位	委托油气田企业外部单位（外协费）	
				委托油气田企业内部单位	
			委托境外单位	委托油气田企业外部单位（外协费）	
				委托油气田企业内部单位	
		技术服务费	外协费		
			其他		
		税费			
		其他	办公费		
			会议费		
			出国人员经费		
			差旅费		
			通信费		
			资料费		
			翻译费		
			……		

为了充分反映企业研发活动的全过程，科学、合理分析企业研发能力和研发成本，可以通过调研、召开企业负责人座谈会、学术论坛等形式，采纳各方意见和建议，对现有的会计科目进一步完善，以直观完整地反映科研业务全过程。在尚不能确定企业研发费用归属于资本化支出还是费用化支出的前提下，设置一个总括性科目，将所有研发费用归入一个特定的科目，比如"研发支出——××项目"，归集单个项目所发生的全部支出，如果该项目研发失败，就将上述科目中的余额转入"本年利润——研发费用"科目，如果该项目研发成功，将其分别计入"研发支出——费用化支出"或"研发支出——资本化支出"，项目结束后视具体情况分别归集到无形资产或研发费用账户。设置研发费用二级科目的目的在于既有利于会计报表统计，又有利于会计信息披露。

（二）研发投入预算流程

依据国家和油气行业相关文件，结合油气田企业的研发成本预算实际情况，现对以油气田企业科技管理部门为中心的研发费用预算流程提出建议，具体流程如图5-1所示。

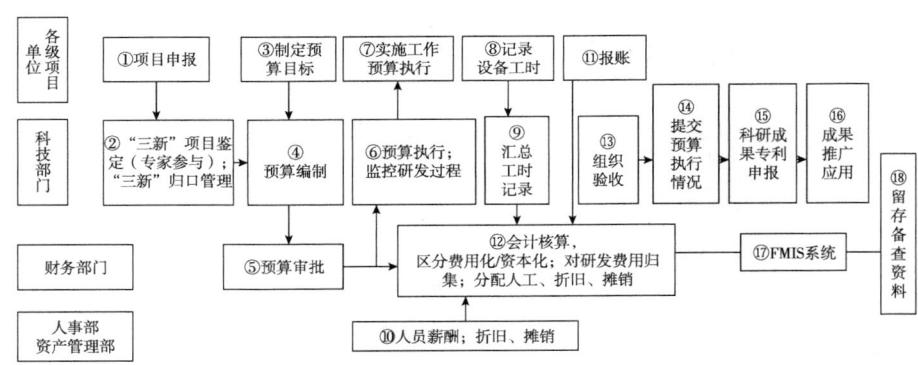

图5-1　以科技管理部门为中心的研发费用预算流程图

①项目申报：各项目承担部门（单位），负责向科技管理部门进行"三新"项目的申报和初步审查。

②"三新"项目鉴定：科技管理部门，负责本单位研发项目"三新"鉴定工作的归口管理；在接到项目申报后，依据"三新"项目鉴定操作指引，专家负责参加各级各类相关"三新"项目的评审和鉴定，出具"三新"项目鉴定意见，开展科研项目的"三新"鉴定工作，并向财务部门提供"三新"项目相关资料。

③制定预算目标：各项目承担部门（单位），负责依据项目情况，制定各项目的预算目标。

④预算编制：进行项目的预算编制，提交给科技管理部门。

⑤预算审批：财务部门，负责在项目承担部门（单位）具备《科研项目"三新"评价表》《科研项目"三新"专家鉴定审查表》基础上，对研发费预算及费用支出予以支持和安排；对非"三新"研发项目的费用列支予以控减。

⑥预算执行，监控研发过程：科技管理部门，负责在得到财务部门的预算审批结果后，对各项目承担部门（单位）的研发过程进行监控，并执行预算（调整与控制）。

⑦实施工作，执行预算：各项目承担部门（单位），负责在得到财务部门的预算审批结果后，按预算的规定去执行实施具体的科研项目工作。

⑧记录工时：各项目承担部门（单位），负责定期做好研发人员、仪器设备和无形资产的工时记录，并填写工时记录表，将该表报送给科技管理部门。

⑨汇总各科研项目工时记录：科研部门，负责汇总各项目承担部门（单位）报送的工时记录，并将汇总表报送给财务部门。

⑩人员薪酬、折旧、摊销：人事劳资部门将科研人员薪酬情况报送给财务部门，资产管理人员按规定计提科研设备折旧、摊销。

⑪费用报销：各项目承担部门（单位），负责在科研项目工作的实施过程中就所产生的费用支出，按照相关规定进行费用报销，财务部门对其支出进行核算与审批。

⑫会计核算：财务部门负责对科研机构费用和科研项目支出进行全成本核算；同时对研发支出进行资本化支出和费用化支出的区分工作，并按照可加计扣除费用类别对研发支出进行归集；然后根据人事部门报送的人员薪酬及资产管理部门报送的折旧、摊销，定期分配人工、折旧和摊销费用；对各项目承担部门（单位）报送的账目进行核算、审批、拨款等工作。

⑬组织验收：科技管理部门，负责对科技项目进行组织结题验收工作，根据有相关财务部门签章的有效票据等对各项目的研发支出情况进行验收，了解核实预算执行情况；同时判定科研成果是否达到预期目标，并请专家进行评审，出具专业的鉴定意见评审书。

⑭提交预算执行情况：科技管理部门，负责将各项目的预算执行情况报送给财务部门。

⑮科研成果、专利的申报：科技管理部门，负责将各科研项目的成果进行申报及专利申报。

⑯成果的推广、应用：科技管理部门，负责将各科研成果、专利进行实际运用中的推广，确保成果的有效运用。

⑰FMIS系统：财务部门利用FMIS系统，启用科研模块和加计扣除子模块，在系统中自动生成辅助账和费用；科技部门，将

相关科研项目的资料、预算执行等情况，上传到云系统中。

⑱留存备查资料：财务部、科技管理部门负责整理留存相关文件资料备查。

（三）研发投入核算范围

油气田企业的研发投入核心是对研发项目的主体投入，包括研发项目费用、研发项目的直属科研单位机构费用分摊、联合研究中心项目、科技奖励等。在对油气田企业研发项目进行全成本预算、核算以及研发强度的计算时，应将与研发直接相关的机构费用中的人员费用、折旧费用、运行费按照既定的原则进行归集和分摊到研发项目中去。

天然气研发全成本下的研发投入核算范围包括：

①研发活动直接消耗的材料、燃料和动力费用。

②研发人员的工资、奖金、津贴、补贴、社会保险、住房公积金、补充保险等人工费用以及外聘研发人员的劳务费用；项目研发人员指从事项目研发活动的企业在职和外聘的研究人员、技术人员、辅助人员。

③用于研发活动的仪器、设备、房屋等固定资产折旧费用或租赁费以及相关固定资产的运行维护、维修等费用。

④用于研发活动的软件、专利权、非专利技术等无形资产的摊销费用和长期待摊费用的摊销费用。

⑤用于中间试验和产品试制的模具、工艺装备开发及制造费，设备调整及检验费，样品、样机及一般测试手段购置费，试制产品的检验费。

⑥研发成果的论证、评审、验收、评估以及知识产权的申请费、注册费、代理费等费用。

⑦与研发直接相关的其他费用，包括新产品设计费、新工艺规程制定费、技术图书资料费、资料翻译、会议费、差旅费、办公费、外事费、研发人员培训费、培养费、专家咨询费、高新科技研发保险费用和调研费。

⑧与其他单位签订技术开发合同，委托其他单位进行研发而支出的委托研发费。

⑨与其他单位签订技术服务合同，接受其他单位提供的技术服务而支出的技术服务费。

第二节　研发成本核算体系优化

一、各级研发项目经费核算范围

油气田企业下达的研发项目主要是科技部门下达的费用类研发项目和配套项目及规划计划部门下达的投资类研发项目。推广应用项目、科技服务类项目等，属于研发成果应用或科技服务，因自主研发程度低，故不列入。

二、科研机构研发费用的核算范围

（一）科研机构费用的内容和范围

机构费用涵盖油气田企业直属科研单位和矿区下属研究机构，采用保守原则、谨慎性原则，根据科技活动属性列负面清单，对不具有科技属性的活动进行剥离，剥离显著不具有科技属性的。对科研单位进行全口径的预算与核算，具体分为人员费用、基本运行费、折旧费用。并将以上3类费用按科研项目属性与项目金额分摊至非投资渠道下达的科研项目费用中。

1. 人员费用

人员费用包括工资薪金、基本养老保险费、基本医疗保险费、失业保险费、工伤保险费、生育保险费、住房公积金、补充养老保险费、补充医疗保险费等。

科研机构人员费用见表5-2。

表5-2 科研机构人员费用的范围

类别	明细		
人员费用	不能计入科研项目费用的人员费用	工资薪金	工资薪酬
			按月发放的住房补贴
			技术奖酬金及业余设计奖
			职工福利费
			辞退福利
			各项补贴
			住房补贴
		五险一金	社会保险法
			住房公积金
		商业险	补充养老保险费
			补充医疗保险费
			……

2. 基本运行费用

基本运行费用包括科研机构中的差旅费、会议费、招待费、办公费、咨询费、无形资产摊销、其他管理费等（表5-3）。

表 5-3　科研机构基本运行费用的范围

类别	明细	
基本运行费用	差旅费	差旅费
		出国人员经费
	会议费	
	招待费	
	办公费	
	咨询费	
	无形资产摊销	
	其他管理费用	
	……	

3. 折旧费用

折旧费用见表 5-4。

表 5-4　科研机构折旧费用的范围

类　别	明　细
折旧费用	科研机构中不直接用于研发活动的仪器、设备等固定资产折旧费用

（二）研发项目的机构费用分摊

1. 机构分摊比例公式

因油气田企业主要采用科研项目经费补贴制，非全成本预算和核算。所以，除研发项目经费外，采用对科研单位机构费进行研发全口径的预算与核算，具体分为人员费用、折旧费用、基本运行费。在目前未实施研发项目全成本核算管理之前，采用与研发项目密切相关的科研机构研发费用，计入研发费用。具体分摊比例公式：

某机构年度研发费分摊总额＝年度研发人员数量 × 单位研发项目人均薪酬＋年度研发人员数量 × 单位人均折旧额＋年度研发人员数量 × 单位人均运行费

＝年度研发人员数量 ×（单位研发项目人均薪酬＋单位人均折旧额＋单位人均运行费）

2. 主要参数确定

（1）年度研发人员数量

年度研发人员数量＝年度研发项目数量 × 单位研发项目实际配置研发人员数量

（2）单位研发项目人均薪酬

单位研发项目人均薪酬＝当年科研人员薪酬总额／科研机构科研人员总数

（3）单位人均折旧额

单位人均折旧额＝当年折旧总额／科研机构人员总数

（4）单位人均运行费

单位人均运行费＝当年运行费总额／科研机构人员总数

第三节　研发成本核算的会计处理

一、科研机构费用的会计处理

（一）设置 ERP 系统中的组织机构维度

在 ERP 系统中设置组织机构维度，并将科研单位分为直属院所、矿区下属研究机构，具体分类见表 5-5。

表 5-5　ERP 系统中科研机构费用的区分

科目与分类	组织机构维度	
	科研单位	
	直属院所	矿区下属研究机构
描述与备注	需了解油气田成本中心设置，确保各级科研院所的组织机构颗粒度细化程度	

（二）科研机构费用的会计处理

对科研机构费用的会计处理进行优化，如图 5-2 所示。

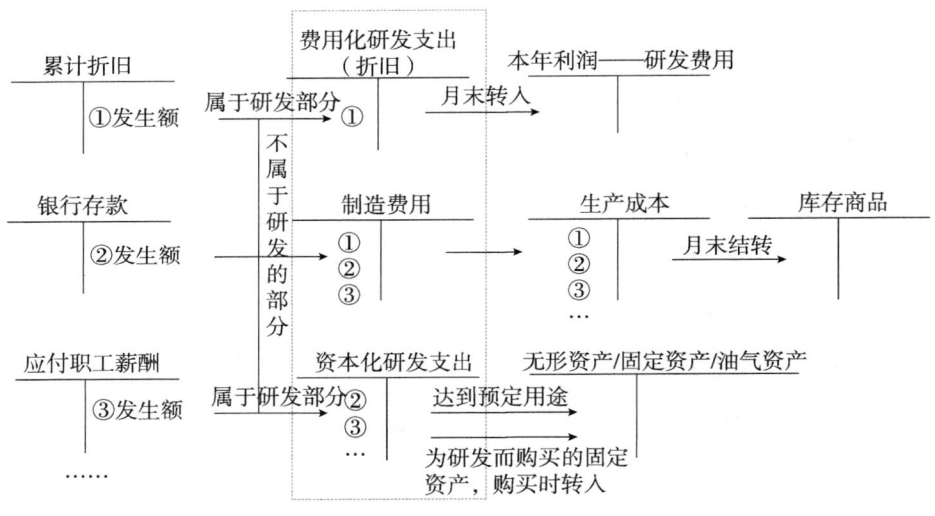

图5-2　科研机构费用会计处理

所发生的与科研无关的支出："累计折旧""银行存款""应付职工薪酬"等科目，计入"制造费用"，月末将"制造费用"结转至"生产成本"，月末将"生产成本"转入"库存商品"。

所发生的与科研相关的支出：①为研发而购买的设备等，根据实际发生的金额，借记"资本化研发支出"，贷记"银行存款"

等科目；同时借记"固定资产"，贷记"资本化研发支出"；其固定资产的"累计折旧"，计入"费用化研发支出（折旧）"。②其他与科研有关的费用，如"银行存款""应付职工薪酬"等科目，计入"资本化研发支出"；达到预定用途后，将"资本化研发支出"转入"无形资产""固定资产""油气资产"。

二、费用化、资本化研发支出的会计处理

费用发生时，将与科技投入的费用"原材料""应付职工薪酬""累计折旧""勘探费用"等科目，按资本化与费用化的区分条件，分别计入"资本化研发投入""费用化研发投入"。月末，将"费用化研发支出"科目余额结转到"本年利润——研发费用"科目，结转后本科目无余额（图5-3）。

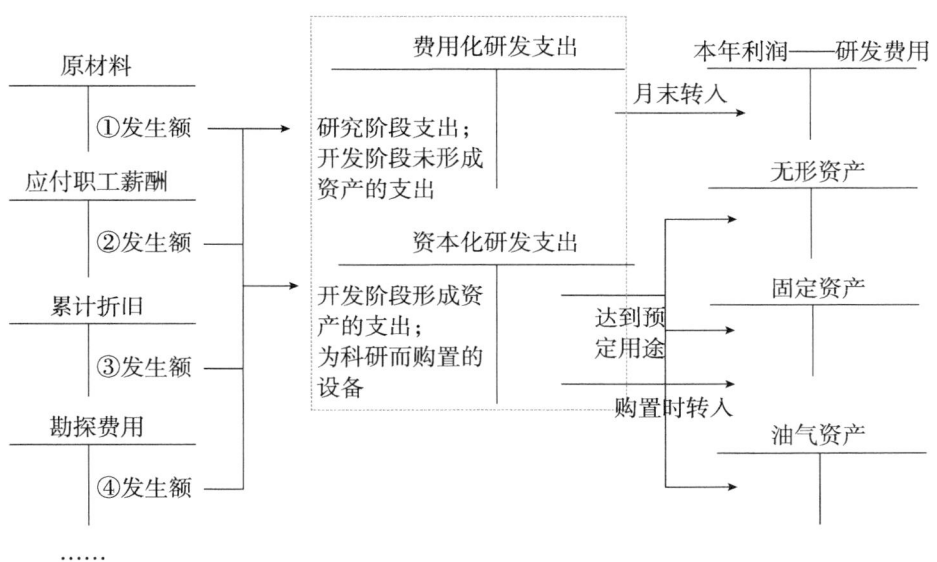

图5-3　费用化、资本化研发支出的会计处理

"资本化研发支出"核算购置的科研设备支出和开发阶段符合资本化条件的支出。①为科研项目研发而购置的科研设备费用,计入"资本化研发支出"。②研究开发项目达到预定可使用状态形成无形资产、固定资产、油气资产的。应将资本化研发支出科目的余额,结转到"无形资产""固定资产""油气资产"等科目,从资本化研发支出转出形成的无形资产、固定资产、油气资产等,应当在资产系统或备查账簿中标识为科研资产。③没有形成无形资产等的,应当先将资本化研发支出有关发生额以红字冲销,同时转入"费用化研发支出"科目,再结转到"本年利润——研发费用"科目。

油气田企业科研单位形成的无形资产、固定资产及油气资产等,除专门用于科研活动的,在科研项目结束后,均应按资产受益的生产经营业务对象划转至相应的业务板块。

三、非投资渠道项目经费的会计处理

非投资渠道下达的各级科研项目经费包括:各级科技部门计划下达的项目经费、规划计划等部门下达的非建设类前期项目经费、其他科技专项经费和科技平台建设经费。

如图5-4所示,非投资渠道下达的科研项目所发生的费用:①费用发生时:借记"费用化研发支出",贷记有关科目;满足资本化条件的,借记"资本化研发支出",贷记有关科目。②月末结转。月末,将"费用化研发支出"科目结转到"本年利润——研发费用"科目。

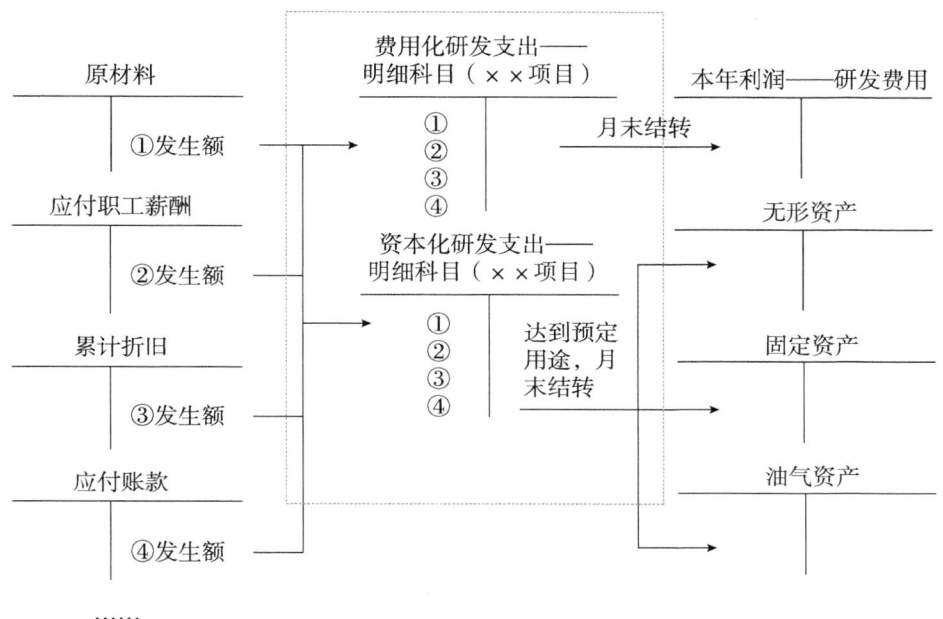

图5-4 非投资渠道下达的科研项目的会计处理

非投资渠道下达的科研项目费用的内容和范围。需要明确各科研项目的科技属性，对非投资渠道下达的科研项目费用进行全口径的预算与核算，具体内容和范围为：①科研机构按科研项目属性与项目金额分摊的人员费用、基本运行费、折旧费用。②科研项目研发活动中的直接投入。

WBS（Work Breakdown Structure）指的是工作分解结构。创建WBS是把项目可交付成果和项目工作分解成较小的，更易于管理的组成部分的过程。因此，将各科研项目费用在WBS字段1——"三新"项目、WBS字段2——研发项目（非"三新"）、WBS字段3——科技项目（非研发）中进行费用的归集。

① WBS 字段 1——"三新"项目。将非投资渠道下达的科研项目中"三新"项目相关费用归集到 WBS 字段 1——"三新"项目，对其进行全口径的预算与核算。具体核算范围见表 5-6。

表 5-6 "三新"项目直接投入的范围

类 别	明 细		
"三新"项目直接投入	"三新"项目研发活动直接消耗	材料	原材料
			主要材料
			辅助材料
			自产辅助材料
			低值易耗品摊销
			物料消耗
		燃料	燃料
		动力	动力
	技术服务费		
	咨询费		
	投标费		
	其他"三新"项目直接投入		

② WBS 字段 2——研发项目（非"三新"）。全部的研发项目中除去"三新"类项目，最后剩余的项目即研发项目（非"三新"）。将非投资渠道下达的科研项目中非"三新"类研发项目相关费用归集到 WBS 字 2——研发项目（非"三新"），对其进行全口径的预算与核算。具体核算范围见表 5-7。

表 5-7　研发项目（非"三新"）直接投入的范围

类　别	明　细		
研发项目（非"三新"）直接投入	研发项目（非"三新"）研发活动直接消耗	材料	原材料
			主要材料
			辅助材料
			自产辅助材料
			低值易耗品摊销
			物料消耗
		燃料	燃料
		动力	动力
	技术服务费		
	咨询费		
	投标费		
	其他研发项目（非"三新"）直接投入		

③ WBS 字段 3——科技项目（非研发）。将所有科技项目中，除去研发项目后所剩余的项目即为科技项目（非研发）。将非投资渠道下达的科研项目中非研发类科技项目相关费用归集到 WBS 字段 3——科技项目（非研发），进行全口径的预算与核算。具体核算范围见表 5-8。

表 5-8　科技项目（非研发）直接投入费用的范围

类　别	明　细		
科技项目（非研发）直接投入	科技项目（非研发）研发活动直接消耗	材料	原材料
			主要材料
			辅助材料
			自产辅助材料
			低值易耗品摊销
			物料消耗

续表

类别	明细		
科技项目（非研发）直接投入	科技项目（非研发）研发活动直接消耗	燃料	燃料
		动力	动力
	技术服务费		
	咨询费		
	投标费		
	其他科技项目（非研发）直接投入		

四、新工艺新技术试验费的会计处理

由于油气田企业对新工艺新技术试验费并没有具体的会计处理，现对新工艺新技术试验费的会计处理提出建议，新工艺新技术试验费发生时，按照其属性，计入"费用化研发支出"或"资本化研发支出"。月末将"费用化研发支出"转入"本年利润——研发费用"；对于形成并已达到预定可使用状态的无形资产、固定资产、油气资产，应将"资本化研发支出"转入，如图5-5所示。

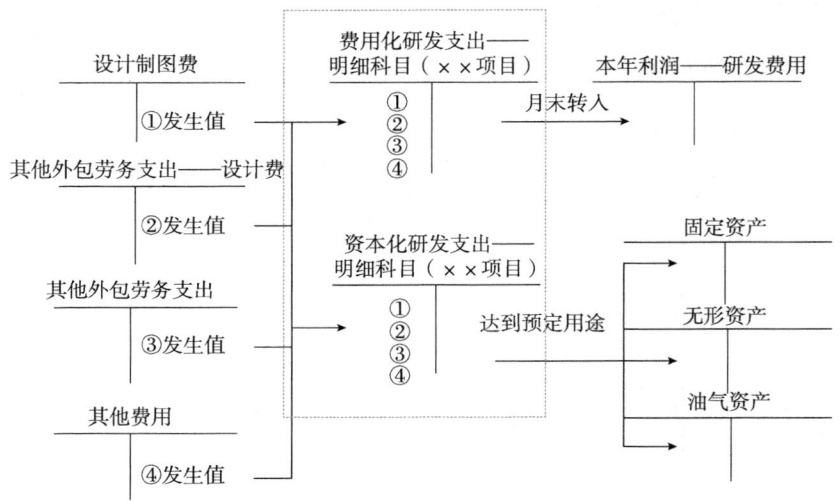

图5-5 新工艺新技术试验费的会计处理

新工艺新技术试验费的内容与范围。新工艺新技术试验费在WBS字段1——"三新"项目、WBS字段2——研发项目（非"三新"）中进行费用的归集。具体核算范围见表5-9。

表5-9 新工艺新技术试验费用的范围

类别	明细
新工艺新技术试验费用	设计制图费
	其他外包劳务支出——设计费
	其他外包劳务支出
其他费用	其他费用
	外部加工费
	试验检验费
	……

五、信息化建设研发费的会计处理

信息化建设过程漫长，耗资颇大，除了内部员工配合信息化建设所耗费的成本外，还包括一些需对外支付的费用，根据实际情况支付。对于信息化建设科目的界定时，需要剔除如工程和购买设备投资（负面清单，如物联网、安防、SCAD系统）。

信息化建设研发费的会计处理。由于油气田企业各项文件对信息化建设研发费并没有具体的会计处理，现对信息化建设研发费的会计处理提出建议，如图5-6所示。在费用发生时，按照其属性，计入"费用化研发支出"或"资本化研发支出"。月末将"费用化研发支出"转入"本年利润——研发费用"；对于形成并已达到预定可使用状态的无形资产,应将"资本化研发支出"转入;若是购买的软件等无形资产,应在购买时转入"无形资产"。

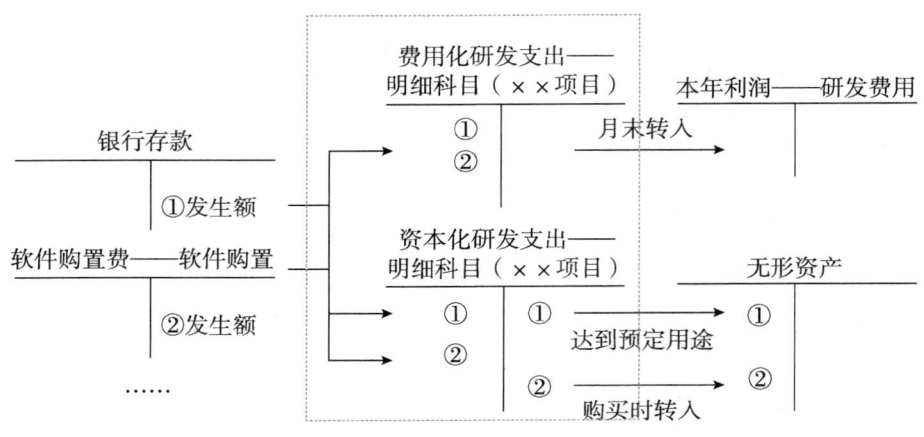

图5-6 信息化建设研发费用的会计处理

信息化建设研发费的内容与范围。信息化建设研发费在WBS字段1——"三新"项目、WBS字段2——研发项目(非"三新")、WBS字段3——科技项目(非研发)中进行费用的归集。具体核算范围见表5-10。

表5-10 信息化建设研发费用的范围

类 别	明 细
信息化建设研发费用	软件开发
	系统集成

六、工程项目研发费的会计处理

（一）工程项目研发费的会计处理

工程项目中的科技投入和研发投入比例很大，但是一直被"隐身"在技术服务或工程服务的投资中，会计核算时计入"在建工程"科目。工程合同费用中的科技或研发投入，并没有被认可和统计。主要原因是天然气勘探开发中科技投入被工程项目总包方式内化了。这必须加快研究，出台相关管理制度予以解决。因此需要在总费用不变的情况下，在总项目合同中明确科技内容以及子项目或课题，属于合作开发还是技术引进或购买，明确分解研发属性，准确划分研发比例，还原工程承包项目中属于公司的科技投入或研发投入。对工程项目中的研发费用进行全口径的预算与核算。

如图5-7所示，对投资渠道下的工程项目研发费用的会计处理建议：①费用发生时，将"原材料""应付职工薪酬""应付账

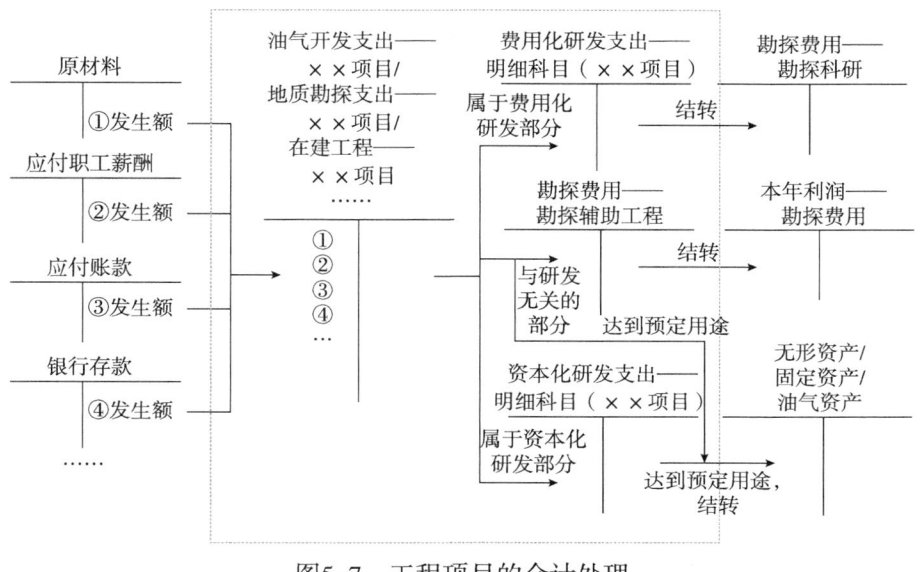

图5-7 工程项目的会计处理

款""银行存款"等，根据业务性质在不同的费用要素中归集，计入"地质勘探支出""油气开发支出""在建工程"等科目。②与研发有关的部分，属于费用化支出的，计入"费用化研发支出"，并转入"勘探费用——勘探科研"；属于资本化支出的，计入"资本化研发支出"，形成并已达到预定可使用状态的无形资产、固定资产、油气资产，应及时进行预转资。③与研发无关的部分，未形成资产的计入"勘探费用——勘探辅助工程"，并结转至"本年利润——勘探费用"；形成并已达到预定可使用状态的无形资产、固定资产、油气资产，应及时进行预转资。

（二）工程项目研发费的内容和范围

对工程项目研发费用进行全口径的预算与核算，并将其根据其科技属性的不同，分别在 WBS 字段 4——研发项目、WBS 字段 5——科技项目（非研发）、WBS 字段 6——常规项目中进行核算。具体核算范围见表 5-11。

表 5-11 工程项目研发费的范围

类别	明细
投资	勘探投资
	开发投资
	钻井投资
	地面配套
	信息化配套项目
	……

第四节　研发投入强度计算模型优化与应用

一、研发投入强度计算模型优化

（一）研发投入数据统计口径

研发投入数据统计口径是以科技投入数据统计口径为基础，主要提取研发活动相关的研发项目支出和支持研发项目开展的科研机构费用分摊。公司科技投入对象主要是围绕油气业务全链条的科技活动，包括生产和管理流程，根据科技活动的内涵和概念，对于科技投入的核算归集处理，数据源于财务各类报表、科技项目计划大表等各类科技投入进行梳理和归集。

遵照《研发投入统计规范》，结合油气田企业实际，做好研发投入统计工作，采集研发投入和销售收入数据必须真实，有据可查。研发投入数据统计口径是以科技投入数据统计口径为基础，主要提取研发活动相关的研发项目支出和支持研发项目开展的科研机构费用分摊。

研发统计是一项专业性很强的统计。数据质量控制一直是研发统计中一个非常重要的环节，科技统计人员对研发概念的理解，以及掌握分离、处理研发和非研发活动数据的技巧是正确填报研发数据的关键。对于企业部门，还面临企业数量众多加大了数据采集和质量控制难度、研发活动与经济活动紧密交织在一起难以严格区分的客观现实，后一类问题尤其突出。

（二）研发强度计算模型

研发强度是衡量企业研发投入的一个相对数指标，即研发强度等于研发投入总量除以企业销售收入。它能反映与企业规模、市场地位相适应的研发投入情况，比较适合用于对比不同企业。2009年之前，国内外研究机构和研究者对企业研发强度有两种统计方法，一种是"企业研发经费支出与企业增加值的比值"；另一种是"企业研发经费支出与企业收入的比值"。这里的企业收入在实际操作中可以表征为不同的要素，如销售收入、主营业务收入或净销售收入。2009年之后，因增加值统计数据缺失的问题，国内开始普遍采用"企业研发经费支出与主营业务收入的比值"来测算企业研发经费投入强度。从我国现实的统计数据基础考虑，在国家统计局公开发布的统计数据中，目前只有企业主营业务收入指标有持续而稳定的数据基础，且国家统计局在多次报告中涉及的研发强度指标所使用的都是研发投入与主营业务收入之比。考虑到油气行业的实际情况，采用销售收入代表主营业务更加符合。即：

研发强度＝研发投入／销售收入

其中：

研发强度指的是油气田企业应用研究与试验开发所投入经费总量与油气及附属产品出厂价销售额的比值；

研发投入指的是油气田企业应用研究与试验开发所投入经费总量，万元；

销售收入包括主营业务收入和其他业务收入或油气及附属产品出厂价销售额，万元；

主营业务收入指的是研发投入形成的主营业务销售收入，即油气销售收入；

其他业务收入指的是与研发投入密切相关的非油气业务收入。

（三）研发投入强度计算流程

根据天然气研发投入预算与核算优化结构，以及研发投入强度计算公式所需步骤，建立研发投入强度计算流程，如图5-8所示：

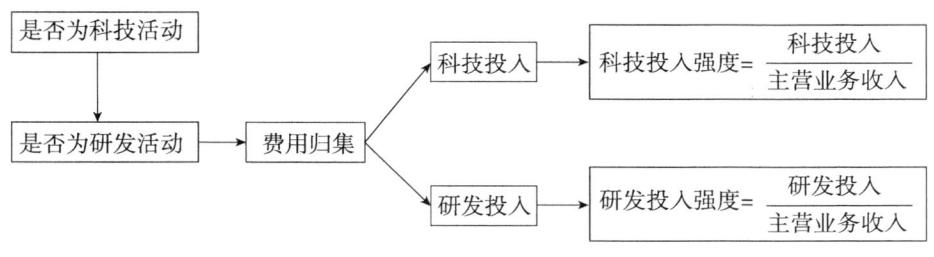

图5-8　研发强度计算流程示意图

1. 流程1：判断是否属于科技活动

科学技术活动简称科技活动，是指所有与各科学技术领域（即自然科学、农业科学、医药科学、工程技术、人文与社会科学）中科技知识的产生、发展、传播和应用密切相关的系统的活动。我国科技统计将统计范围内的科技活动分为三类：研发、研发成果应用和科技服务。其中研发成果应用是指为使试验发展阶段产生的新产品、材料和装置，建立的新工艺系统和服务，以及作实质性改进后的上述各项能够投入生产或在实际中运用，解决所存在的技术问题而进行的系统活动。科技服务的具体活动内容包括：科技成果的示范推广工作；信息和文献服务；技术咨询工作；自然、生物现象的日常观测、监测、资源的考察和勘探；有关社会、人文、经济现象的通用资料的收集、分析与整理；科学普及；为社会和公众提供的测试、标准化、计量、质量控制和专利服务等。

对于油气田企业开展的活动首先要判断是否属于科技活动，若是则再进行进一步划分是否为研发活动，若不属于科技活动则其所发生的支出在后续不得计入科技投入或研发投入。

2. 流程 2：判断是否属于研发活动

研发活动是科技活动的核心组成部分。与其他科技活动相比，研发活动的最显著特征是创造性，体现新知识的产生、积累和应用，常常会导致新的发现发明或新产品（技术）等，研发活动预定目标能否实现往往存在不确定性。其他科技活动都是围绕研发活动发生的，要么是为研发成果向生产和市场转化而提供支持（研发成果应用），要么是为研发活动及知识传播提供全方位的配套支持服务（科技服务）。这些活动与研发活动的根本区别在于，它只涉及技术的一般性应用，本身不具有创造性。

研发活动是指企业为获得科学与技术新知识，创造性运用科学技术新知识，或实质性改进技术、产品（服务）、工艺而持续进行的具有明确目标的系统性活动。包括企业生产经营过程中开展的风险勘探、信息系统开发建设等。

在流程 1 判断属于科技活动后，需要对活动进一步划分判断是否属于研发活动，若属于科技活动中的其他两类活动，不属于研发活动，则其支出计入科技投入不计入研发投入；若对活动被立项为研发活动，则其后续支出计入研发投入作为计算研发投入强度的被除数。

3. 流程 3：研发投入费用归集

研发投入是指公司为开展相关研发活动的所有投入。在项目立项时明确是否为研发项目，以研发项目为载体，把所有与研发项目相关联的费用全成本归集到研发项目中去，机构费用中的人员费用、折旧费用、运行费按照既定的原则归集和分摊至研发项目中。对技术开发合同中的委托开发和合作开发的项目经费要科学统计，不遗漏。

4. 流程4：判断主营业务收入

主营业务收入是与研发活动密切相关的收入，如果收入不是与研发活动相关的，则不能计入研发强度模型主营业务收入中，如天然气产品贸易收入、外购气销售收入等都不属于主营业务收入。

5. 流程5：研发投入强度计算

从流程3和流程4中确认了研发投入和与之相关的主营业务收入和其他业务收入，将两者相除，得到的比值即是研发投入强度，用它来衡量公司的研发投入水平。

二、应用：某油气田企业"十三五"研发投入强度测算

（一）研发投入经费

该油气田企业研发投入的核心是对研发项目的主体投入，成本结构包括：研发项目费用、研发项目的直属院所机构分摊费用、联合研究中心项目、科技奖励等，即对企业研发项目进行全成本预算和核算，将与研发直接相关的机构费用中的人员费用、折旧费用、运行费按照既定的原则进行归集和分摊到研发项目中去。这样处理既有依据、也更加合理。然而，受制于现有科技管理体制，目前科技投入未实施全成本管理。为掌握该油气田企业研发投入的真实状况，须对"投资类研发费用、费用类研发费用、直

属院所机构分摊费用、协同创新联合体经费、科技奖励支出"等相关费用进行归集和核算。

"十三五"期间,该油气田企业研发投入总量中,投资类研发费用占比15%,费用类研发费用占比34%,直属院所机构分摊费用占比35%,协同创新联合体经费占比15%,科技奖励支出占比1%,如图5-9所示。

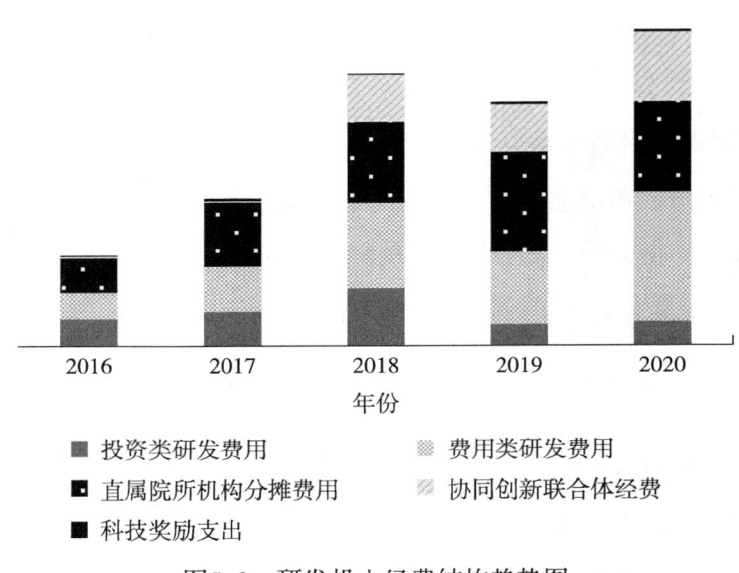

图5-9 研发投入经费结构趋势图

(二)研发投入强度

该油气田企业年均研发强度趋势如图5-10所示,总体小于2%。仅有2018年超过平均数,原因在于当年来自于总部的重大科技专项及其配套项目较多,该油气田企业研发投入强度为5年最高点,如图5-10所示。

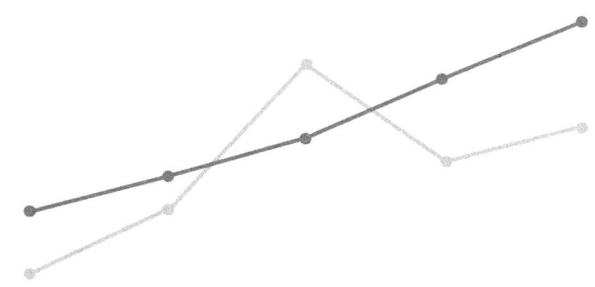

图5-10 研发投入强度趋势图

第六章

推进天然气科技创新管理会计体系建设措施

第一节　提高管理会计认识，促进科技财务会计向管理会计转变

一、更新管理会计理念，转变对管理会计内涵认知

管理会计理念需要随着行业环境变化不断更新，与时俱进。我国油气田企业管理会计应当改变传统的"成本为先"原则，将市场作为企业管理导向才是顺应当前能源产业发展的新思路。财务人员应当在充分了解市场形势的基础上，通过对市场变化的分析与企业实际管理业务相结合，超前预判市场波动对企业自身的影响并提出风险应对措施；通过将管理会计理念扩展到事前分析预测，以提升油气田企业应对行业风险能力，加快其适应国际市场竞争的步伐。与此同时，管理会计应该摒弃片段化的、仅对某一时点某项业务的分析模式，形成全面化管理、全程化控制、动态性监管的新理念。通过对管理会计管理理念的发展，对帮助油气田企业走出当前发展瓶颈具有先进意义。

为了对管理会计理念、管理会计工具在企业经营管理中的科学高效应用提供保障,企业管理者应对管理会计内涵形成正确认知,应对管理会计应用原则、核心内涵等管理会计基本框架展开深入研究,并提高对管理会计的重视程度,促使企业内部对成本控制及成本控制规划方法予以科学认知,保证全员均可对成本核算及成本预算形成正确认知。

二、提升财务和科技管理人员科技创新成本管理能力

(一)加强企业管理会计人才队伍建设

油气田企业会计人员是管理会计体系的基本单位,管理会计能否发挥应有作用,与财务工作者的执业能力息息相关。在面对社会管理会计人才紧俏无法尽快充实人才梯队问题面前,对现有财务人员进行培训成为最现实的方法。首先,加大吸收先进人才以确保拥有足以担当起构建企业管理会计框架的能力,为发挥管理会计职能发挥领头羊作用;其次,积极鼓励企业原有会计人员参与 CMA、MAT 等管理会计专业考试,通过给予专业辅导、考试假期、工资补助等方式激发学习热情,从根本摆脱人才匮乏的困境;最后通过建立管理会计责任制度,将管理会计职能进一步细化,最大程度上发挥"单位"能力,实现协调高效的管理效果。

(二)完善企业科技创新活动管理会计工作岗位职责

围绕企业科技创新活动管理会计工作总体目标,管理会计工作机构及其人员应履行下列工作职责。

1. 基本岗位职责

基本岗位职责包括以下 9 个方面:①参与制订企业中长期和年度科技创新计划。②参与科研项目立项申报与评审工作。③参

与建立健全科技创新活动管理体制与机制工作。④提供并完善对科技创新活动投入的人、财、物资源优化配置与高效使用管理的建议。⑤跟踪落实年度科技创新计划与管理制度执行。⑥跟踪分析年度科技创新计划经费预算执行情况。⑦协同科技创新活动管理人员做好研发经费实际投入审核确认工作。⑧编报已完成科研项目经费决算与年度科技创新经费决算工作。⑨协同公司财会部门用足用好政府部门鼓励企业科技创新各项优惠政策。

2. 其他相关管理会计工作

除了上述9项与企业开展科技创新活动有效管理密切相关的管理会计工作职责之外，在企业开展科技创新活动中尚存在需要管理会计人员发挥职能作用的其他管理事项，如中止的科研项目已发生经费支出善后管理、召集科研机构相关管理人员和技术研发人员不定期培训宣讲政府和企业颁布实施的科研管理政策或制度、涉及科研部门签订的经济合同事前审核与事后执行监督，等等。

第二节　强化业财融合，提高科技投入预算和核算水平

一、加强会计部门与研发部门的协作

加强会计部门与研发部门的协作是业财融合视域下发展管理会计的关键举措，目标是深度推动企业科技创新工作的可持续发展。业财融合，重点就是要促进财务与业务的互融，从而推动财务对业务的赋能。实现这一目标的基础与前提就是要加强与研发

部门的协助,通过信息交换来扩展研发部门的视野、丰富研发部门的信息、提升研发部门的积极性,最终深度推动企业科技创新工作的可持续发展。在业财融合的视野下,加强会计部门与研发部门的协作具体包括以下3个方面。首先,会计部门对于科技创新型企业的运营状态非常了解,因此可以适度与研发部门进行交流沟通,从而在一定程度上对研发部门进行督导推动,提升整个企业的运营效率。其次,会计部门应该与研发部门协同分析国家相关政策,从而使得企业能及时享受国家政策带来的发展红利。最后,管理会计立足于管理,会计部门与研发部门的深度协同,可以帮助企业管理层了解研发部门的研发动态,从而能为出台相关激励措施奠定基础。

二、加强科技投入的全成本预算与核算制度建设

构建完善的管理会计体系,必须要建立健全管理会计制度。通过会计制度的建立,一方面对管理会计人员参与企业的生产、定价、投资以及决策等环节予以制度化规定,从制度上确保"业财融合"的落地;另一方面通过制度的建立,设置专门的管理会计职位以及管理机构,明确管理会计人员的职责及权利,实现专业的人做专业的事,充分发挥管理会计人员的事前预测、事中管控、事后评价的职能。

积极推进油气田科技投入全面预算管理。一是结合油气田企业相关方面工作进展及要求,将研发预算作为企业全面预算的一部分,完善科技投入管理制度,加强对科技预算部门以及预算执行的监管力度。二是正确区分研发活动和其他生产经营活动,创新油气田企业研发预算管理方式。科学编制研发项目预算,严格

预算审核、监控与调整，建立科学的研发项目预算评价体系。

加强油气田研发投入核算规范化管理。针对油气田企业自身生产经营及会计核算内容，建立一套研发费用会计核算体系。研发部门和研发项目分别建立部门辅助核算账和项目辅助核算账，同步归集部门研发费用。研发部门应和财务部门共同完善企业研发费用的归集边界、分摊依据、归集证据文件、归集结果四位一体的研发费用核算体系。才能实现研发费用加计扣除的"应享尽享"目标。

三、积极推进科技投入全流程精细化管理

（一）强化油气工程项目中的科技项目身份证管理

目前，油气工程项目中的科技投入和研发投入比例很大，长期被"隐身"在技术服务或工程服务的投资中，会计核算时计入"在建工程"科目。油气田企业（甲方）没有依据在工程项目中提取科技投入的相关依据。因此，依据国际通用准则——研发成本的构成部分，研发成本应当包括所有直接归结于研究与开发行为的成本，或是能够合理地分摊在研发行为上的成本。因此，应对研发项目进行认证、考评、确认或淘汰等全流程研发身份证管理，市场主体共享科技活动价值。

油气田勘探开发工程服务是依靠技术创新和管理创新开展相关业务承包的。对于常规天然气、非常规天然气（页岩气、致密气），合理确认其科技投入显得尤为重要，以充分体现创新驱动常规和非常规天然气产业发展。因此，应强化油气工程项目中的科技项目身份证管理，例如，从2020年开始，按照规定在项目立项时，对项目实施"三新"鉴定，财务核算在费用发生时，根据工

时等进行分摊。

建立油气内部市场研发交易与核算结算制度。针对投资类研发活动"隐身"到投资中的情况，研发项目与所属投资项目之间通过内部研发活动交易列入投资项目，通过制度、财务信息明确和还原研发投入权属。在总经费不变的条件下，通过总承包合同中，签订补充科技合同、联合或委托科技合同、科技战略合作合同等方式，明确研发科技成果权属，共同分享科技活动价值。要从合同签订改变目前做法，更好匹配政策，为统计研发投入找到佐证，还归本原。

（二）实施精细管理，促进成本管控更加真实

适应油公司体制要求，进一步完善科技投入管理体制。加大油气生产和经营管理人员针对研发预算的重视，加强部门之间的沟通协调。进一步厘清科技投入与产出绩效的关系，改进销售收入的核算管理方式，建立销售收入级序科目，提升收入统计质量。

坚持科技项目全成本预算与核算，做到实时反映研发支出，避免事后分摊，为加计扣除备案备查作好准备。油气田企业自主研发项目，承担国家、集团总部立项的研发项目所发生企业自筹配套资金纳入研发项目计划任务书预算编制，完善研发项目预算编制和会计核算归集一致。完善油气田企业研发信息的共享制度，结合内外部审计，完善研发费用加计扣除政策，处理好研发费用资本化核算与计税问题。

成本管理是管理会计的组成部分，以成本管理为切入点是西方管理会计发展完善的普遍经验，包括成本性态分析、决策经济效益分析评价等。公司依托管理会计强化成本运行管控，靠精益成本管理实现降本增效。探索应用经营预测、标准成本、作业基

础管理等管理会计工具进行工作实践，借鉴测井行业内先进管理经验，推行成本控制理念，自上而下确定公司、部门、班组到岗位的多层级成本管理责任机构及其职责权限，细化成本核算，以市场环境倒逼成本决策，将市场压力传导到每一位员工，将成本管理总目标转化为公司所有员工可以执行的方案。

第三节 天然气科技研发成本预算管理体系优化

一、积极促进科技研发成本预算理念转变

在国外科研项目的预算与核算中，较早运用了全成本模式，且该模式已趋于成熟。在公司中实施全成本的预算与核算，可以用国外先进且较为成熟的方法作为支撑，汲取发达国家的科研管理先进做法，学习在全成本方面运用较优企业的经验，建立与优化天然气科技创新全成本预算与核算体系。

（一）加强全成本理念的理解

要促进科技研发成本预算理念的转变，必须加强企业对全成本理念的理解，促进一般的成本预算与核算向全成本的预算与核算转变。成本，是商品生产和交换的价值体现；而在公司的科技研发成本中，它指的是以科研项目为单位，完成某项研发项目中所耗费的各类经济资源，包括所有与科学研究开发活动相关的费用。全成本中的"全"，是相对于目前有关科研项目费支出不完整和不全面而言所提出的。全成本的含义具体如下：一是成本要素的全面核算，其要求与科技研发活动相关的所有支出都应该计入，除了本身实际的支出以外，还应该包括管理组织科研活动所产生

的管理费用（如折旧费、职工薪酬、水电费等）及其他间接费用；二是全过程的成本管理，其要求成本核算过程贯彻整个项目的始终，从项目的立项申报→中期检查→验收等所有环节都应涵盖在内。因此全成本核算是以全过程和全要素为主线进行的管理，期间是整个科技研发行为活动，特定的科研项目被视为成本核算的对象，凡是归于经济活动中的支出，都属于全成本的范畴，其中包括与科技研发活动直接相关的支出，也包括科技研发活动进行中所发生的行政、管理等间接支出。相较于一般的成本预算与核算模式，全成本的预算与核算涵盖了所有相关的成本要素及所有行为活动过程，涉及面广、适用性好，能够运用在科研的流程化、项目化和过程化管理中，是一种较为准确的经费管理办法。由此可以看出，公司只有进行全成本预算与核算，才可以准确地反映成本状况，提供准确的财务信息，反映内部财务管理是否有效。

（二）推动从传统成本管理理念向全成本管理观念的转变

由于传统成本核算方法并没有对研发支出进行全成本核算，导致公司研发投入强度存在普遍偏低现象。所以，公司应结合集团文件，从实际情况出发，将下述项目内容新增入研发投入的核算中：①委托研发费（包括委托研发费——外协费和委托研发费——其他）；②技术服务费（分为技术服务费——外协费和技术服务费——其他）；③折旧费；④摊销费。

在全成本核算背景下的研发费用，是指获得新知识，开发新技术、新产品、新工艺，现场试验，对前瞻性理论技术及工艺储备进行研究等发生的用于科研方面的全部支出，包括科研项目支出和科研机构费用。科研机构费用是指无法计入科研项目支出的其他研发费用。

二、强化相关部门预算管理职责

（一）财务部门职责

在科技研发项目中，各部门间环环相扣，紧密联系，财务部门在天然气科技创新全成本预算管理体系的优化建设中处于较为重要的地位，深刻影响着预算管理体系所产生的效果，并且为企业未来预算管理体系的发展奠定基础、指引方向：①负责组织制定公司研发费用管理规章制度。②负责汇总平衡公司年度研发费用框架预算。③根据人事部门报送的人员薪酬及资产管理部门报送的折旧、摊销，定期分配人工、折旧和摊销费用。④负责审查、批复公司年度科研项目费用预算及拨款计划。⑤负责审查、批复公司直属科研机构费用预算及拨款计划。⑥负责配合科技管理部门考核研发投入强度指标完成情况。⑦负责规范公司研发费用核算及加计扣除工作。⑧负责对科研机构费用和科研项目支出进行全成本核算，同时对研发支出进行资本化支出和费用化支出的区分工作，并按照可加计扣除费用类别对研发支出进行归集。

（二）科技管理部门职责

科技管理部门在研发费用预算管理中的职责划分：①编制年度研发投入计划建议。②负责科技项目研发投入的审查、审批等相关管理工作，编制分批拨款计划建议，参与财务决算审查。③负责审查、汇总公司研发费用年度预算，提交规划计划部门和财务部门。④负责考核研发投入强度指标完成情况。⑤负责本单位研发项目"三新"鉴定工作的归口管理。⑥负责预算执行工作，并监控各级项目单位的研发全过程。⑦对各研发项目进行组织验收，并向财务部门提交预算执行情况。⑧项目结束后，负责汇总并申报所有的科研成果与专利。⑨对科研成果进行推广及应用，并导入系统以便留存备查。

（三）其他部门的职责

规划计划部门职责：①负责权限范围内科技项目资本化经费投入的审查、审批。②汇总平衡公司年度科技项目投资框架计划。③下达分批投资计划。

审计、监察部门职责：负责科技投入审计、监督和检查。

三、加强科技研发成本预算管理制度建设

（一）研发费用预算的编制

研发费用预算按照油气田企业、矿厂、直属院所分类编制年度预算，各级财务部门是研发费用预算归口管理部门，科技管理部门负责具体组织实施。①财务部门按照全年销售收入，以及油气田企业研发费用年度预算指标，确定研发费用年度预算。②各项目承担部门（单位）负责向科技管理部门进行研发项目的申报和初步审查。③科技管理部门在接到项目申报后，出具"三新"项目鉴定意见，开展科研项目的"三新"鉴定工作，并向财务部门提供"三新"项目相关资料。④各项目承担部门（单位）负责依据项目情况制定各项目的预算目标，进行项目的预算编制，提交给科技部门。

（二）研发费用预算的执行

研发费用预算的执行程序：①财务部门负责在项目承担部门（单位）具备《科研项目"三新"评价表》《科研项目"三新"专家鉴定审查表》基础上，对研发费预算及费用支出予以支持和安排。对非"三新"研发项目的费用列支予以控减。②科技管理部

门负责在得到财务部门的预算审批结果后,对各项目承担部门(单位)的研发过程进行监控,并执行预算(调整与控制)。③各项目承担部门(单位)负责在得到财务部门的预算审批结果后,按预算的规定去执行实施具体的科研项目工作。④各项目承担部门(单位)负责定期做好研发人员、仪器设备和无形资产的工时记录,并填写工时记录表,将该表报送给科技管理部门。⑤由科技管理部门牵头,财务部门和各项目承担单位进行配合,实施工作,执行预算。⑥各项目承担部门(单位)负责定期做好研发人员、仪器设备和无形资产的工时记录,并填写工时记录表,将该表报送给科技管理部门。⑦科研部门负责汇总各项目承担部门(单位)报送的工时记录,并将汇总表报送给财务部门。⑧人事部门将人员薪酬报送给财务部门,资产管理部门将折旧、摊销费用情况报送给财务部门。

(三)研发费用预算的考核责任

各项目承担部门(单位),负责报送在科研项目工作的实施过程中所产生的费用支出情况,财务部门对其支出进行核算与审批。

财务部门:负责对科研机构费用和科研项目支出进行全成本核算;同时对研发支出进行资本化支出和费用化支出的区分工作,并按照可加计扣除费用类别对研发支出进行归集;然后根据人事部门报送的人员薪酬及资产管理部门报送的折旧、摊销,定期分配人工、折旧和摊销费用;对各项目承担部门(单位)报送的账目进行核算、审批、拨款等工作。

科技管理部门:①负责对科技项目进行组织结题验收工作,根据有相关财务部门签章的有效票据等对各项目的研发支出情况进行验收,了解核实预算执行情况;同时判定科研成果是否达到预期目标，并请专家进行评审，出具专业的鉴定意见评审书。②负责将各项目的预算执行情况报送给财务部门。③负责将各科研项目的成果进行申报及专利申报。④负责将各科研成果、专利进行实际运用中的推广，确保成果的有效运用。

第四节　加强信息统计，促进研发费加计扣除

一、完善油气田企业研发强度信息统计

（一）准确界定研发强度计算的各个要素

前述存在的问题中，对研发强度的概念及其计算方法理解存在的问题，注重科技投入统计，忽视研发投入统计；混淆了研发投入与研发经费投入（研发经费支出）的概念等问题，都是因为在执行国家统计局《研发投入统计规范》前，没有厘清各种概念的含义及其之间的关系导致的。因此，不论是会计部门还是科研管理部门都要认真学习并领会相关文件精神，吃透定义、含义、范围和方法；而且科技管理部门要与财务会计部门形成一个良好的沟通机制，经常性沟通相关问题，促进研发强度统计的顺利进行。

（二）完善核算管理体系，促进研发费用会计与统计核算一体化

会计核算执行权责发生制，统计核算执行收付实现制，其统计核算与会计核算还是存在协调的空间。这就必须建立更多的辅助账和台账，对现有的会计信息系统和统计系统都要进行补充调整，以便于信息共享。具体而言，可以利用ERP系统中WBS的成

本归集和费用控制功能,对全部目标成本要素进行管控,实现对各类科技投入进行全口径的核算管理。使研发费用最终通过财务会计核算体现出来,用贴标签的方式,做到在系统中可查询,得到专家和税务等部门的认可,避免审计和纳税风险。

二、强化"三新"鉴定工作流程,促进加计扣除

(一)强化研发费用加计扣除流程

1. "三新"项目的立项评审

国家税务总局对适用研发费用加计扣除政策的研发活动的定义适用于一般工业企业,但油气行业在勘探开发的过程中,科技创新主要体现在新的勘探技术和新技术的应用,最终不是体现在新产品上,具有一定特殊性。在界定研发活动是否属于"三新"项目时,没有通行的判断标准。因此油气田企业的科技部门应依据其行业特点和自身企业的实际情况,牵头开展项目的"三新"鉴定工作,聘请石油行业专家,凡列支研发费、从事研究开发活动,均须进行"三新"项目鉴定。在进行"三新"项目鉴定时,具体方法可使用负面清单辨别法、目标结果判定法、行业标准判断法和专家判断法。

2. "三新"项目的预算编制

在进行项目预算时,科技项目负责人应依据科技预算编制指南,编写项目预算明细表。编制过程中应注意对不符合研发费用定义的项目进行剔除,对符合的项目要纳入研发支出管理,确保从源头提高"三新"项目的支出,增加研发费用加计扣除基数。

为方便对科技投入、研发投入和加计扣除部分的预算管理与核算管理,企业可以在研发项目立项后,设计以SAP系统的WBS

编码为手段的科技研发成本统计体系，对已经判定为"三新"项目的相关费用归集到统一的字段，同时对核算与资料的留存备查带来极大便利。

3."三新"项目的核算与归集

由于目前研发支出核算归类不准确，部分还在手工填制辅助账和归集表，还有用三栏账做辅助账使用，工作量大，无法保证数据的准确性。因此财务部门需筛选出和六大类费用匹配的科目做成科目对照表，以便实现对研发支出的准确归集核算。需要注意的是，有研发活动界定、研发费用范围会计口径大于税收口径的，因此在设置科目时可参照《通知》列举的研发费用明细、《公告》中的"研发支出辅助账"，再结合企业实际情况进行增减。由于企业研发支出是以单个研发活动为基本单元进行核算归集的，研发支出的核算还需按研发活动具体项目设置研发项目辅助核算。企业可在研发支出辅助账上备注研发项目税会差异以及研发支出税会差异，以便为后期税务检查做好准备工作。

4.相关资料的留存备查

为了避免资料不全等带来的税务风险，财务部门和科技部门在项目结束后应负责整理留存相关文件资料以作备查。为保证能够长时间安全且准确地留存，可根据企业自身情况上传至信息系统平台。

(二)开展加计扣除政策宣传和培训工作

目前我国为鼓励企业加大研发投入，不断出台新政策，为此企业需要及时关注新的税法政策、文件，也要及时学习新的税收制度，熟知研发费用加计扣除的各项政策规定、文件解读以及申报流程，以做好税收筹划工作。

关于加计扣除政策，财务人员了解较多，业务和管理部门对政策了解相对较少，造成工作比较被动。因此需要从公司到各单位两个层面，加强对项目研究人员和科技管理人员的培训。企业需结合地方的税务政策及操作难点，组织相关技术专家、财务专家、税务专家等开展政策宣讲、"三新"鉴定、研发费用核算归集、税务稽查风险规避、备查资料收集整理等具有针对性的专项培训，重点加强研究单位科技、财务、人事管理人员和科研骨干的培训，指导科研、财务人员等相关人员全面掌握国家政策，确保加计扣除工作不留死角，全面落实（图6-1）。

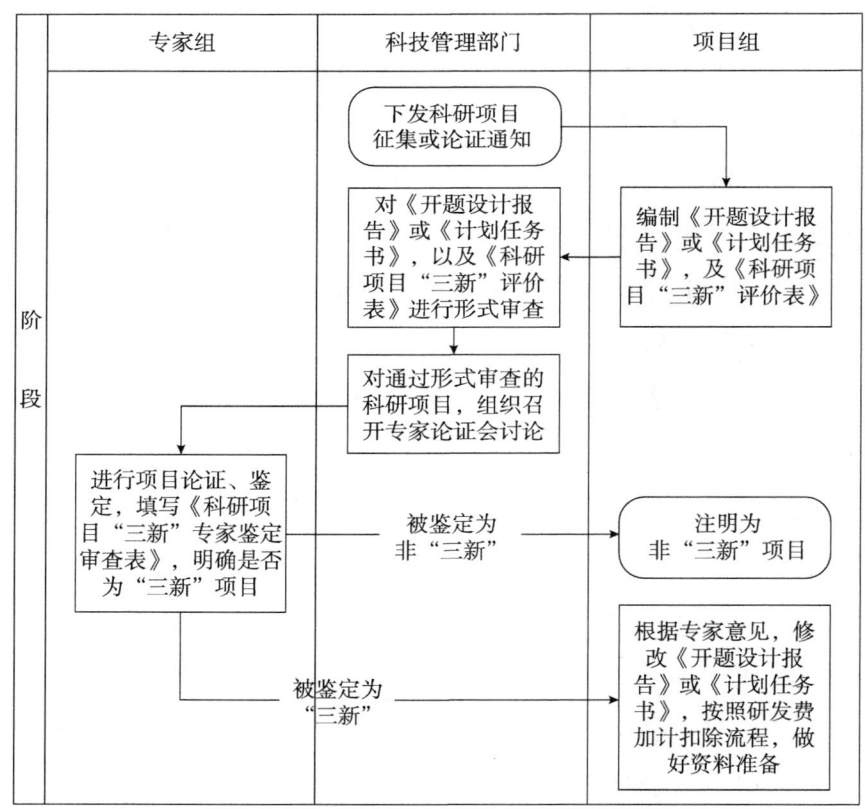

图6-1 科研项目"三新"鉴定流程

第五节 搭建科技成果经济效益评价管理会计模型

一、科学设置研发项目绩效考核指标

（一）考核指标的设置

运用政策分析、专家咨询等实证研究方法，一方面对国家奖、省部级奖、行业奖、公司级科技奖励申报政策要求以及项目收益分红激励政策进行深入研究，分析经济效益概念与涉及的指标含义；另一方面，聘请拥有资深经验的专家进行咨询研讨，深入研究经济效益评价的理论方法，根据政策要求、结合管理实际，依据 5 项原则从庞杂的业财指标中，遴选新增销售额、新增利润、投资回收期、新增税收、节支总额 5 个经济效益评价结果指标，开展经济效益量化编报评价工作。并对每一项指标的内涵、数据标准、计算公式等进行清晰的定义，支撑经济效益测定的科学性与实用性。

指标选取的 5 项原则如下所述。

①明确具体。每个指标均有明确的定义与内涵，从不同视角反映科技成果实现的经济效益。

②可衡量。所有指标均有清晰的计算公式，是量化评估经济效益的保证。

③相关性。为体现 5 项指标与被评价科技成果的相关性，每项指标均为增量指标，即新技术应用后带来的销售额、利润、税收增量，或是成本节约额，回收期亦是通过新增利润计算。

④时限明确。新技术付诸应用形成新增收入、新增利润、新

增税收、节支总额均有明确的年限,且新增利润的年限是投资回收期的计算原始数据之一。需要说明,年限的准确获取,取决于业财协同、与项目进度同步的项目核算质量。

⑤可获取。是指 5 项指标逻辑运算的基础信息全部可获取,并且可以最大限度从业财系统中集成。

综上,经济效益指标的选取与定义,有效解决了实务中概念模糊、依赖科研人员理解编报经济效益报表、评价不尽科学的问题。

(二)精准规范模型的数据输入标准

在结果指标科学、运算规则逻辑的基础上,精准规范输入数据的标准,是确保指标测定准确的源头保证。如前所述,鉴于模型与业财系统高度集成,项目分类、合同等业务信息以及项目核算信息的准确性通过项目管理的标准化与财务核算的标准化业已实现。考核指标的设置主要根据研发项目预期目标而设置,以利于对项目研发实际效果进行检测、控制以及反馈与调整。美国石油石化行业的研发项目绩效考核指标主要包括以下几个方面:ROI(投入回报率)、TQM(全面质量管理)、专利、论文、专著、客户满意等。

依据油气行业的实际情况,根据不同类别列出以下绩效考核指标,以供参考:①知识产品价值:包括科技论文、科技专著、自主知识产权、技术标准和科技奖励。②科技效益:成果水平和生产应用价值。③经济效益:新增可采储量、新增探明储量、新增控制储量和新增原油产量。④技术价值:创新程度、技术集成水平和用户满意度。

二、明确模型的业务逻辑强化系统控制

以经济效益评价指标的输出结果为导向,提升传统模式下经济效益证明报告质量的关键是量化模型的业务逻辑,关键点有以下3点。

(一)贯穿全程,正确映射研发与成果转化项目

准确运算科技成果经济效益的首要关键点,是正确映射研发与成果转化项目。系统通过科研人员线上选择填报研发投入项目与成果转化项目的WBS编号,实现研发与转化项目的映射,进而启动研发项目投资额、转化项目收入、利润等指标的提取运算。系统控制的关键点有以下两个方面。

①避免成果转化项目复用、经济效益虚报。模型植入信息系统,与项目管理、ERP财务系统对接。在申报奖项时,科研人员线上录入与科技项目对应的转化项目WBS编号,系统自动获取效益数据。为避免复用,项目管理系统控制每个转化项目不可重复申报、多次对应不同的科技项目。

②控制研发投资项目漏报、投资额不完整、回收期不实。模型要求科研人员线上填报与成果转化对应的投资项目WBS号,如果涉及多个不同经费来源的项目,要求完整选取研发项目避免漏报,进而系统根据项目映射关系,启动投资回收期运算。此外,经济效益证明模块与科研管理系统对接,相关合同、成果证明等文件均支持线上审核及时纠偏。随着多维精益管理的推进,系统可进一步通过项目领域维度,判定转化项目与研发项目的吻合度,纠正映射关系错报,保证模型采集的投资额与新增效益配比。

(二)明确来源,实现业财协同的系统数据集成

建立经济效益证明系统模块,将模型植入系统,模型科学运

算的第二个关键点是实现业财协同的系统数据集成。即打通经济效益系统模块与ERP财务系统、项目管理、科技奖励系统之间的壁垒，实现科技奖励业务数据、项目预算及财务数据的自动抓取传递，确保数据源唯一、计算结果准确。可见，模型运算需要的项目、财务数据，均可通过项目管理、财务核算等系统自动集成。只要前端的项目管理信息、财务核算信息标准规范，模型的取值即规范准确，有效地解决了原有系统各自独立、经济效益指标的生成依赖于各个系统之间的数据转换或是线下分析估算，数据来源不可靠的问题。

（三）制定规则，明确经济效益指标的运算逻辑

当模型与业财系统打通、实现数据集成以后，第三个关键点是将经济效益指标的运算规则标准化并植入系统。通过业财系统数据的自动抓取传递，再经过中间区域的一系列加工整理以及多层嵌套计算，即可完成经济效益证明数据的自动生成。最终实现经济效益报告三步生成模式。①录入项目编号完成本单位经济效益财务数据及业务数据的调用；复制录入应用证明及配合单位的经济效益数据，为后期整个项目的经济效益合并计算提供数据来源。②各系统数据的自动抓取传递、加工整理以及多层嵌套计算得出研发到成果转化的收入、成本、利润、税收、回收期等财务指标。③将关键指标结果直接显示在最终报告内，经济效益报告一键式传递或导出。

综上，科研人员原本烦琐的线下找数、填报、测算工作模式，转变为只需线上建立项目映射关系，模型就自动集成业财数据、逻辑运算、一键生成经济效益证明报告的过程，进而实现了效率与报告质量的双重提升。

主要参考文献

[1] 财政部会计司编写组. 管理会计案例示范集 [M]. 北京：经济科学出版社，2020.

[2] 李会军. 管理会计驱动企业价值创造——盈利要素和路径 [M]. 北京：经济管理出版社，2017.

[3] 李守武. 管理会计工具手册（第二册）[M]. 北京：中国财政经济出版社，2016.

[4] 郭永清. 管理会计实践——构建全面的管理会计图景 [M]. 北京：机械工业出版社，2020.

[5] 罗胜强，宋家兴，兰海涛. 管理会计指引讲解——重点、难点与案例解析 [M]. 北京：新华出版社，2018.

[6] 上海国家会计学院. 价值管理 [M]. 北京：经济科学出版社，2011.

[7] 熊焰韧，苏文兵，张朝宓. 管理会计实践发展与展望——创新方法在中国企业的应用调查与分析 [M]. 北京：中国财政经济出版社，2013.

[8] 吴贵生，王毅. 技术创新管理 [M]. 北京：清华大学出版社，2017.

[9] 陈劲，王方瑞. 技术创新管理方法[M].北京：清华大学出版社，

2006.

[10] 刘跃珍，张新民.中国石油基于价值的战略管理会计创新实践[J].中国管理会计，2020（4）：90-111.

[11] 李仲，任丽梅，邹晓琴，等.中国油气企业天然气战略成本管理创新[J].天然气工业，2018（5）：140-147.

[12] 刘跃珍.中国石油基于价值提升的财务转型[J].中国总会计师，2018（8）：33.

[13] 盛晶晶.石油企业管理会计的创新思路与发展[J].财经界，2020（3）：111-112.

[14] 辜穗，蒲蓉蓉，姚莉，等.油气企业科研完全项目制管理的制度框架与路径思考[J].天然气技术与经济，2020，14（1）：74-79.

[15] 刘跃珍.刘跃珍："能力框架"为管理会计人才建设提供了基本遵循[J].中国总会计师，2018（7）：31-33.

[16] 阎俐臻.财务共享在油气田企业的应用与效果——以中国石油西南油气田公司为例[J].天然气技术与经济，2020，14（4）：73-77.

[17] 郭渝，胡畔宁，刘欢.油气田公司提升信息安全建设的探索[J].天然气技术与经济，2019，13（5）：79-83.

[18] 王富平.财务共享中心项目建设风险管理的有关探索[J].财经界，2021（1）：133-134.

[19] 辜穗，罗旻海，陈丽，等.创新驱动发展视域下油田企业提质增效路径探索[J].石油科技论坛，2018，37（1）：6-9.

[20] 辜穗，李林洪，周小玲，等.天然气科技创新战略绩效管理——以西南油气田为例[J].石油科技论坛，2017，36（4）：

26-30.

[21] 严永焕，吴杰，康玉梅. 石油企业管理会计应用水平评价体系构建研究 [J]. 财会通讯，2019（25）：45-49.

[22] 严永焕，吴杰，康玉梅. 国有企业管理会计应用文献综述 [J]. 财会通讯，2019（06）：19-24.

[23] 李倩云，吴杰. 石油企业勘探费用的确认与计量方法探讨 [J]. 财务与会计，2018（13）：80-82.

[24] 辜穗，任丽梅，杨雅雯. 油气科技绩效评估现状及发展对策 [J]. 石油科技论坛，2019，38（3）：20-25.

[25] 李懋劼. 战略驱动的集团企业管理会计体系构建与实施：基于管理控制系统理论视角 [J]. 会计之友，2020（7）：39-44.

[26] 彭华涛，吴瑶. 研发费用加计扣除对创业企业成长的影响机制 [J]. 财会通讯，2020（15）：69-74.

[27] 党录瑞，辜穗，姚莉. 新形势下油气产业科技创新体系建设路径思考 [J]. 石油科技论坛，2019，38（2）：33-38.

[28] 潘颖. 企业管理会计体系构建初探 [J]. 经济研究导刊，2018（35）：155-156.

[29] 任丽梅，鲍思峰，谢建军，等. 中国石油实施低成本战略的思路与途径 [J]. 天然气技术与经济. 2016（6）：58-61.

[30] 罗凌睿，姜子昂，蒲蓉蓉，等. 油气田企业科技创新驱动模式与策略探讨 [J]. 天然气技术与经济，2016（6）：55-57.

[31] 孟思. 研发费用投入与核算问题浅析 [J]. 行政事业资产与财务，2019（6）：72-73.

[32] 孙晓龙. 企业研发费用会计核算及管理问题研究 [J]. 会计师，2018（4）：9-10.

[33] 王宜林. 扎实抓好科技创新重点举措落地见效 [J]. 中国石油企业，2019（8）：10-13.

[34] 孙晶，刘阳，韩群群，等. 油气田地面工程模块化建设成本优势及推广应用 [J]. 天然气技术与经济，2019（4）：51-54.

[35] 刘宏，李昊，赵亦江. 大数据技术运用于油气田物探、钻井系统工程投资成本分析的思考 [J]. 天然气技术与经济，2019（2）：72-74.

[36] 康艳红. 高新技术企业研发费用加计扣除核算问题探析 [J]. 中国集体经济，2019（35）：120-121.

[37] 黄珊. 财务共享平台下业财融合模式研究 [J]. 财会学习，2021（7）：21-23.

[38] 梁彦荣. 网络时代发展背景下业财融合的若干思考 [J]. 中国商论，2020（24）：115-116.

[39] 付玲玲. 新形势业财融合在企业中的应用研究 [J]. 中国市场，2020（36）：72-73.

[40] 林怡. 公司业财融合存在的问题与对策分析 [J]. 财会学习，2020（36）：21-22.

[41] 李桂荣，黄宏，严会超. 高等学校科研经费管理中的问题与改革思路 [J]. 科技管理研究，2003（06）：120-121.

[42] 邵珠娟. 大型企业科研经费预算绩效管理问题研究 [J]. 财经界，2020（17）：46-47.

[43] 冯志芳. 高新企业研发经费核算模式的构建与应用探析 [J]. 中国市场，2011（1）：80-82.

[44] 张琬. 科研项目全成本管理模式研究 [J]. 中小企业管理与科技（中旬刊），2019（2）：41-42.

[45] 韩宜君. 企业科研经费管理的现状与对策 [J]. 科技经济导刊，2020，28（17）：189+187.

[46] 陶丽君，刘红梅，曹小柯. 企业使用国家科研项目资金有关会计核算问题探讨 [J]. 中国农业会计，2013（10）：20-22.

[47] 刘井建，赵革新，李惠竹. 企业税收激励对 R&D 投资的影响机理及效应——时间趋势、效力边界与创新产出 [J]. 科研管理，2020，41（10）：40-53.

[48] 刘辉锋，王雅利. 企业研发经费投入强度指标探析 [J]. 山西科技，2017，33（3）：112-114.

[49] 吴剑娟. 浅论科研项目的全过程管理 [J]. 经济问题探索，2007（9）：175-178.

[50] 王凯华，连燕华. 我国企业研发项目管理及研发经费核算中的问题及对策 [J]. 技术经济与管理研究，2008（6）：56-58.

[51] 胡晨光，徐梅. OFDI 强度、研发强度与中国大中型工业企业经营绩效——基于中介效应与调节效应视角的研究 [J]. 经济学家，2016（4）：88-95.

[52] 洪本云. 科研项目成本会计体系构建 [J]. 新会计，2020（10）：47-49.

[53] 王维，金娜，章品锋. CEO 背景特征、研发投资与企业价值研究——以高新技术企业为研究对象 [J]. 会计之友，2016（5）：33-37.

[54] 陈彩云，汤湘希. 创新投入、税收规避与企业风险 [J]. 现代财经（天津财经大学学报），2019，39（11）：14-33.

[55] 汤湘希，游宇，彭丹. 有利于经济高质量发展的无形资产投资——基于直接支出法的测算与评估 [J]. 学习与实践，2019

（6）：5-10.

[56] 汤湘希，沈将来，游宇，等. 从"小会计"到"大会计"的演变——近十年我国无形资产会计研究的梳理[J]. 会计与经济研究，2017，31（5）：63-75.

[57] 吴勘，杨树旺. 基于完全竞争市场模式的中国页岩气资源管理体制分析与思考[J]. 地质与资源，2016，25（3）：291-297.

[58] 姜子昂，辜穗，王径，等. 我国油气勘探开发技术产品谱系构建[J]. 天然气工业，2020，40（6）：149-156.

[59] 姜子昂. 关于我国天然气企业智库体系建设的思考[J]. 天然气技术与经济，2018，12（6）：16-20.

[60] 柴良棋，王小龙，吴杰. 管理会计在油藏增值管理体系中的应用——以中石化西北油田分公司为例[J]. 财务与会计，2017（5）：46-47.

[61] 李玉华，王小龙，吴杰. 中石化西北油田分公司管理会计创新实践[J]. 财务与会计，2016（15）：43-45.

附件　油气田公司科技投入管理办法（建议稿）

油气田公司科技投入管理办法
（建议稿）

第一章　总　则

第一条　为规范油气田公司科技投入管理，落实油气创新战略，发挥科技对油气田公司主营业务发展的支撑和引领作用，提升科技创新能力，加强研发投入保障和管理，依据国家相关政策制定本办法。

第二条　本办法适用于油气田公司以及所属的二级单位（包括厂矿处、直属院所等）。控股公司、实际控制企业应按照国家相关规定和合资公司章程执行本办法，参股公司参照执行。

第三条　本办法所称科技投入是指油气田公司开展相关科技活动的所有投入，包括资本性投入和费用性投入。科技投入主要用于科技项目实施、科研机构运行、科技基础条件建设与维护，以及科技人才的培养与激励。

第四条　本办法所称研发投入是指油气田公司为开展相关研发活动的所有投入，包括资本性投入和费用性投入；研发投入属于科技投入范畴。

研发活动是指为增加知识存量（也包括有关人类、文化和社会的知识）以及设计已有知识的新应用而进行的创造性、系统性工作，包括应用性基础研究、应用研究和试验发展三种类型。研发活动应当满足五个条件：新颖性、创造性、不确定性、系统性、可转移性（可复制性）。油气田公司在油气主营业务链各环节开展的具有研发特点的各类项目均属于研发活动。

第五条　油气田公司实行公司、厂矿处和直属院所二级科技投入预算机制，落实国家和总部集团对于油气田公司研发投入强度要求，各级研发投入主体是研发投入强度指标落实的责任主体，应保证油气田公司研发投入的有效性。研发投入强度是指研发支出占主营业务收入的比例。

第六条　油气田公司科技管理部门负责基础超前、重大共性技术和年度科技项目研究等科技经费投入；厂矿处负责本单位业务领域的生产性技术、特色技术和产品研发、成果推广等科技经费投入；直属院所负责本单位承担的生产性技术、特色技术和产品研发、成果推广等科技经费投入。

第七条　科技投入原则

（一）聚焦战略需求，强化原始创新。贯彻落实油气创新发展战略，优化配置科技资源，聚焦关键领域和关键技术，着力解决当前及未来发展面临的科技瓶颈和突出问题，发挥全局性、综合性引领作用。

（二）保障研发投入，坚持效益优先。确保油气田公司研发投入强度，不断提升科研资金使用效率，坚持有所为、有所不为，充分利用已有技术成果及技术基础，避免低水平重复立项，降低创新成本，不断提升科研成果应用效果和效益。

（三）科学预算，专项核算。建立稳定的科技投入机制，做好科研项目前期论证工作，充分分析科研成果转化的可行性及经济性，结合实际情况及项目进度，合理编制科技项目全成本预算；科技投入实行专项管理，按项目开展科技项目全成本核算。

（四）明确职责，分级管理。明确油气田公司、厂矿处和直属院所各自定位，根据业务特点确定科技投入方向，按照投入主体不同，由油气田公司、厂矿处和直属院所分级管理。

第二章　机构与职责

第八条　科技处是油气田公司科技活动的归口管理部门，主要职责是：

（一）负责提出油气田公司科技中长期发展规划及年度科技投入计划建议。

（二）负责确定油气田公司年度研发投入强度，牵头规划计划处、财务处分解研发投入强度指标，下达厂矿处研发投入强度指标，并考核厂矿处研发投入强度指标完成情况。

（三）编制油气田公司年度科技投入预算，提交规划计划处、财务处。

（四）负责权限范围内油气田公司级科技项目的审查、审批等相关管理工作，按项目进度编制分批拨款计划建议，提交规划计划处、财务处。

（五）负责组织跟踪、调整、监督油气田公司科技投入预算执行，参与财务决算审查。

（六）负责科技投入统计，指导厂矿处和直属院所研发投入管理工作。

第九条 财务处主要职责是：

（一）负责制定油气田公司科技投入管理办法。

（二）负责审查、批复油气田公司年度科技项目费用预算。

（三）负责审查、下达油气田公司科技项目分批费用拨款预算。

（四）负责规范油气田公司科技项目核算及研发费加计扣除工作。

第十条 油气田公司相关部门、纪检监察处遵循公司科技投入管理办法，负责职责范围内的科技投入管理工作。

（一）规划计划处负责权限范围内科技项目的审查、批复；汇总平衡年度科技项目投资框架计划；下达分批投资计划。

（二）财务处负责将年度科技投资计划和科研费用预算纳入油气田公司年度资金收支计划，筹措科技投入所需资金，并分批安排拨款。

（三）审计处、纪检监察处负责科技投入审计、监督和检查。

第十一条 厂矿处主要职责是：

（一）分解落实本单位年度研发投入强度指标。

（二）负责编制本单位年度科技投入预算并分批下达，管理和监督厂矿处科技投入预算执行，参与财务决算审查。

（三）负责本单位级科技项目的审查、审批等相关管理工作。

（四）负责本单位的科技投入统计。

第十二条 直属院所是油气田公司科技项目的具体实施主体，主要职责是：

（一）负责编制本单位年度科技投入预算，上报科技处。

（二）负责本单位承担的各级科技项目投资计划和费用预算编制。

（三）负责各级科技投入的使用、监督与管理，向公司科技处报告油气田公司级和本单位级科技投入预算执行情况及调整建议。

（四）组织上报本单位科技投入财务决算及科技统计。

第三章　科技投入预算

第十三条　科技投入预算按照油气田公司、厂矿处和直属院所二级编制年度预算。科技投入预算包括科技项目预算和科研机构经费预算。

第十四条　科技项目预算包括科技项目投资计划和费用预算，各级计划部门、财务部门分别是科技项目投资计划、费用预算归口管理部门，科技管理部门、业务部门负责具体组织实施。科技项目预算以项目为载体，实施全成本口径编制。

科研机构经费包括油气田公司直属院所和厂矿处所属科研机构经费。

第十五条　科技处确定下一年度油气田公司年度研发投入强度，牵头规划计划处、财务部、厂矿处共同确定下一年度公司及厂矿处研发投入强度；厂矿处分解落实研发投入强度指标。

公司、厂矿处按照研发投入强度指标、上年度科技投入预算执行情况和新的科技项目计划编制下一年度科技投入预算，科技处汇总形成公司及厂矿处下一年度科技投入预算，与厂矿处研发投入强度指标一同提交公司科学技术委员会审议。

第十六条　油气田公司年度科技投入预算按以下程序编制与

审批：

（一）科技处根据油气田公司科技需求，编制年度科技项目计划，下达给承担单位；承担单位按科技项目立项计划，组织技术、计划和财务人员编制项目投资计划和费用预算，提交科技处。

（二）科技处于10月31日前，组织对科技项目投资计划和费用预算进行审查，开展公司级科技项目预算编制工作，提出公司科技项目投资计划和费用预算的建议初稿，分别提交规划计划处和财务处；于12月31日前，将公司科技项目投资计划和费用预算的建议终稿，分别提交规划计划处和财务处。

（三）规划计划处根据公司年度投资计划编制安排，对科技项目投资计划建议进行综合平衡，提出公司年度科技项目投资框架计划，纳入公司年度投资计划。

（四）财务处根据公司年度预算编制安排，对科技项目费用预算建议进行综合平衡，提出公司年度科技项目费用预算，纳入公司年度预算。

第十七条 油气田公司级科技项目分批预算按以下程序编制与下达：

（一）分批预算按照公司年度科技投入预算确定的规模实行总量控制和项目管理，承担单位按照项目实施进度，分批次上报投资计划和费用拨款建议。

（二）科技处审核、汇总平衡后，形成公司分批投资计划和费用拨款建议，提交规划计划处、财务处；规划计划处审查、下达分批投资计划，财务处审查、下达公司分批拨款费用预算；分批投资计划下达和费用预算批复后组织实施。

第十八条 厂矿处级科技项目预算管理程序履行厂矿处相

关管理规定；公司直属院所及科技项目预算履行本单位相关管理规定。

第十九条 科技项目投资计划包括科技项目购置固定资产、无形资产、工程建造等预计发生的支出。符合工程建设项目条件的，参照工程建设项目投资管理有关规定执行。

第二十条 科技项目费用预算与核算口径一致，包括：物料消耗、水费、电费、员工薪酬、折旧费、摊销费、委托研发支出、差旅费、办公费、会议费、咨询审计费、外协费、试验检验费等。

第二十一条 科技项目支出中的外协资金根据公司科技项目相关管理办法，实行分类管理。

第四章 科技投入拨款与配套

第二十二条 国家级科技项目资金，由政府主管部门按照其年度预算安排予以拨付，油气田公司按照计划任务书的要求配套相应资金。

第二十三条 公司级科技项目资金，以公司主导投入的科技项目，项目承担单位为由公司全额拨付资金；以公司主导投入的科技项目是指基础超前共性研究项目和重大关键核心技术研发项目。

第二十四条 厂矿处级和直属院所级科技项目资金由厂矿处、直属院所自筹解决，科技费用支出纳入本单位预算考核。

第二十五条 油气田公司拨款前，项目承担单位与公司签订计划任务书（或合同），科技处核对无误后向财务处申请拨款。

第五章　资金使用与决算

第二十六条　科技项目投入以计划任务书（或合同）为单元实行专项管理，其中公司实际拨款项目以合同为单元。项目承担单位应按计划任务书（或合同）对投入实行专款专用、专项核算，不得截留、挪用或挤占。科技项目投入在项目执行期可跨年使用。

第二十七条　科技项目投资计划和经费预算总额因项目研发目标、重大技术路线或主要研发内容发生较大变化及其他不可抗力影响，确需调整的，任务承担方应根据科技项目资金管理权限，提出调整申请，申请报告应详细说明调整理由以及经费随之变动情况，资金支付计划调整经任务下达方批准后执行。

除资本化经费和外协比例限制外，在科技项目实际运行中，其他科目预算调整权限下放给项目承担单位。

第二十八条　提前中止实施的科技项目，项目组负责编写项目资金使用情况报告和项目资金清算表，报经项目承担单位科技、财务等管理部门审批，公司主导投入的科技项目上报科技处审核批复。批复后，方可按照批复意见中止项目实施并按原渠道收回剩余资金。

第二十九条　科技项目承担单位应在外协合同中约定外协费用的支付条件和程序，加强对外协任务的管理。承担单位在外协任务的阶段考核通过后，方能依据合同支付阶段费用。

第三十条　科技项目资金使用情况实行报告制度。公司主导投入的科技项目，由承担单位科技管理部门牵头，组织计划、财务等管理部门及项目组按项目编制报告，于每年12月底前向科技处提交，重大科技专项和重大现场试验在批次拨款申请之前提交。报告应包括项目进展及资金到位、使用情况等内容。

第三十一条　科技项目结题验收以计划任务书（或合同）为依据，验收时应提交财务决算报告，财务决算验收与技术成果验收同时进行。项目承担单位科技管理部门负责组织项目组编写项目决算报告，与FMIS科研模块核对一致；财务部门负责审核。

第六章　研发费加计扣除

第三十二条　各单位科技主管部门建立科技项目"新知识、新技术、新产品、新工艺"（以下简称"三新"）鉴定工作流程。所有纳入公司科技投入年度预算的科技项目必须开展"三新"鉴定工作，财务处审核科技项目预算，严格控减非研发投入预算，保证公司研发投入的有效性。

第三十三条　科技项目投入的会计核算按照国家及公司相关规定执行。项目承担单位按项目实行全成本核算，人员费、折旧摊销费等与项目相关的间接费用按照合理方法分摊至科技项目经费，完整归集研发支出金额，及时向税务机关申报加计扣除。

第三十四条　委托其他单位开展研发活动，必须签订技术开发合同，并将合同认证登记作为支付条件在合同中予以明确。

第三十五条　对于油气田公司主导投入的科技项目及重大科技专项，项目承担单位积极配合公司做好发票开具、合同认证登记、费用明细编制和资料整理收集等加计扣除所需的工作。

第七章　科技投入监督与考核

第三十六条　加强科技项目全生命周期管理，逐步完善科技项目预算审查、中期跟踪、验收核查评估的各项制度。

第三十七条　公司级科技项目执行预算动态管理，预算拨款与项目执行进度相匹配。项目下达单位应动态跟踪、定期检查科技项目实施情况，督促推进预算执行，按照项目进度及资金使用情况编制调整批次拨款计划。

项目承担单位按照科技项目年度目标、任务，落实配备必要的人、财、物等资源，建立保障机制，确保科技项目任务的完成，并按时上报科技项目资金使用情况报告，提出调整建议，重大事项应做说明。

第三十八条　科技项目年度检查、中期评估检查、验收时应将资金使用情况作为检查、验收的重要内容。审计处门不定期选取各类科技项目，对资金使用规范性及投入效益进行审计。

第三十九条　加强科研项目验收评价验收工作。科研项目执行期满后，项目牵头单位向任务下达方提出财务验收申请。基础超前共性研究项目承担单位，实行问题提出方、成果使用方与同行评议相结合的评价机制；厂矿处及直属院所对生产应用技术攻关类项目，重点评价应用效果、产生的经济效益和应用前景，以用户和第三方评价为主。验收评价结果作为列支研发费用必备资料备案。

第四十条　将年度分解落实的各级研发投入强度指标纳入相应层级领导班子考核目标。

第四十一条　对于违规使用科技投入的行为,按照公司有关规定对责任单位和责任人进行处理。

第八章　附　则

第四十二条　厂矿处及直属院所可依据本办法制定本单位科技投入管理细则。

第四十三条　本办法由油气田公司财务处、科技处负责解释。本办法自印发之日起施行。

扫描二维码
查看参考文献、附件电子版